中国当代短篇小说
高级读本

Advanced Reader
of Contemporary Chinese Short Stories

中国当代短篇小说
高级读本
Advanced Reader
of Contemporary Chinese Short Stories

人性的思考
Reflections on Humanity

王颖 吴凯瑞 选编
Compiled by Ying Wang and Carrie E. Reed

University of Washington Press
Seattle and London

University of Washington Press
P.O. Box 50096
Seattle, WA 98145-5096, USA
www.washington.edu/uwpress

Library of Congress Cataloging-in-Publication Data

Advanced reader of contemporary Chinese short stories : reflections on humanity =
    [Zhongguo dang dai duan pian xiao shuo gao ji du ben : ren xing de si kao] / Compiled by
Ying Wang and Carrie E. Reed.
        p. cm.
    Parallel title in Chinese characters.
    ISBN 0-295-98365-5 (paper : alk. paper)
      1.Short stories, Chinese—20th century. 2. Chinese language—Textbooks for English
speakers. 3. Chinese language—Readers. I. Title: Zhongguo dang dai duan pian xiao shuo
gao ji du ben. II. Wang, Ying. III. Reed, Carrie E. (Carrie Elizabeth), 1960-

PL2653.A25 2004
495.1'86421—dc21

                                                                      2003055243

The paper used in this publication meets the minimum
requirements of the American National Standard for
Information Sciences—Permanence of Paper for Printed
Library Materials, ANSI Z39.48-1984.

目录 Contents

序

　　这本汉语高级读本收集了十篇1990年以来在中国发表的短篇小说。本书旨在为学习中文的高年级学生，研究中国文学的师生，以及志在提高祖籍语言的华裔人士提供一些内容新、语言好的学习和阅读材料。编者在选编此书时，力图达到一书多用的功能，不但从语言文学的角度去筛选材料，而且还注意到所选作品对中国当代社会问题的代表性，希望读者借本书丰富提高语言文学的知识，加深对中国现代社会的了解与认识，开卷有益。

　　上个世纪八十年代以来，中国社会在各个方面都发生了巨大的变化。这种变化不仅直接影响到中国人的物质生活，而且渗透到语言文学、电影电视、和各种传播媒体所表现的文化生活中。在我们的语言课本和文学选读中反映这种变化至关重要。求"新"标"新"、着眼于"变"是本书的一个编写原则。由于本书所选作品大都写于二十世纪的九十年代，有几篇像苏童的《伞》、梁晓声的《喷壶》、陆平的《白坯院门》等更是2000年的新作，在内容和语言上，这本书都不仅突出了新的文学主题和新的词语表达，而且反映了现代化、商业化、和都市化不可避免地给中国社会带来的变化。

　　本书以人性的思考为主题，涉及到当代中国人生活的方方面面，包括：文革之后的反思(《喷壶》《白坯院门》)；商业化对传统家庭的冲击(《哺乳期的女人》《二分之一的傻瓜》)；当代女性所面临的问题(《下午茶》《远去的粉蝴蝶》)；性、吸毒与犯罪(《伞》《一个病人》)；社会对弱智人的歧视(《我没有自己的名字》《二分之一的傻瓜》)；还有人与宠物、人与动物之间的关系(《阿咪的故事》《我没有自己的名字》)。本书所选的短篇有不少是中国当代小说界知名作家的创作，也包括一些文学新人的作品。我们希望本书给读者介绍一些中国当代的名家名篇，更意在给读者提供一个视窗，使他们透过这个视窗进一步了解今日的中国社会与文化。

　　本书包括课文、词汇、词语例句、和讨论问题四个部分。这种设计既考虑了高年级语言课的需要，又顾及了用中文授课的文学课的要求。鉴于高年级的中文课以吸收、消化、增加词汇和学习语段表达为主，本书提供了详细的词汇表和一些虚词、关联词的例句，并在课文本身和其所涉及的问题两个层次上设计了一些讨论题。希望能够引导学生成段地用中文表达自己的思想和对小说的理解。这种设计对于用中文授课的文学课也很适用。特别是每课之后的第二部分的讨论题，可以用来作为文学课学生的专题讨论、专题研究、或者作文题目，引发学生对当代小说的兴趣，因而起到举一反三的教学功用。

除了作精读教材以外，本书还适宜在高级汉语、中国当代文学、和中国文化等课程上作为补充材料。另外，由于所选作品在内容和语言上的可读性很强，这本小说选也很适合学生自学和泛读。

为了适应教学的需要，在不影响故事情节的情况下，我们对于篇幅太长的作品和一些枝蔓的段落做了删节，并对有些小说的文字作了略微的改动。对于修改过的作品，我们都已在本书中加以注明。

在编写此书的过程中，我们得到了十位小说原作者的热情支持和鼓励，允许我们选用他们的作品，在此向他们表示诚挚的感谢。梅宪草先生在文字输入、版面设计、编辑索引和校对修改方面做了大量的工作。梅占津先生花了不少时间和精力帮助我们与原作者取得联系。在此一并致谢。本书如有任何错误，责任仅在我们两位编者。

王颖，吴凯瑞
2003 年四月

Preface

This advanced reader presents ten Chinese short stories published in the 1990s or later. These up-to-date, well-written samples are appropriate for advanced students of the Chinese language, students of Chinese literature, and overseas Chinese who wish to maintain or improve their reading ability in their mother tongue. In selecting materials for and editing this volume, we have not only chosen stories for their linguistic and literature merit, but have also considered how well they represent contemporary social issues. We hope this book will help readers improve their knowledge of language and literature, and also will deepen their understanding of today's China.

Since the 1980s China has experienced huge changes in every domain. These changes directly influence material life and affect language use; the topics dealt with in literature, movies, and television; and the cultural life shown in the popular media. All of the stories in this collection were written in the 1990s or later, so their content and language both highlight new literary themes and linguistic expressions, and reflect the modernization, commercialization, and urbanization that are irresistibly transforming China.

As the subtitle *Reflections on Humanity* suggests, these stories focus on the concerns of human beings, touching upon contemporary themes such as recollections of the Cultural Revolution ("Watering Can" and "Plain Gate"); the impact of commercialization upon the traditional family ("Breastfeeding Woman" and "Half Idiot"); problems faced by contemporary women ("Afternoon Tea" and "The Pink Butterfly That Flies Away"); sex, drugs, and crime ("Umbrella" and "A Patient"); discrimination against the disabled and mentally ill ("I Don't Have a Name of My Own" and "Half Idiot); and the relation between humans and animals ("A Mi's Story" and "I Don't Have a Name of My Own"). Some are by writers well known in the Chinese literary world, and others are by relative newcomers. We hope that this book will introduce readers to some of the fine literature of contemporary China and will enhance their understanding of Chinese society and culture.

In addition to the stories themselves, this advanced reader includes vocabulary lists (词汇), grammar and usage examples (词语例句), and questions for discussion (讨论题). This structure takes into consideration the needs of advanced Chinese language students. Because advanced language courses stress internalization of vocabulary and improvement of expression on a discourse level, we have provided extensive vocabulary lists and some example sentences to show proper usage of important grammatical structures and phrases. Discussion questions are based on the content of the stories and on related topics. We hope that this will help students learn to articulate their thoughts on the stories in Chinese. Students who use this volume as a textbook in a literature-in-Chinese course will want to focus on the second set of questions for discussion, research, or written work. The questions are simply starting points for further discussion; students are encouraged to think of their own questions for consideration as well.

In addition to being a textbook for teaching intensive reading, our book is also appropriate for use as supplementary teaching material in advanced-level Chinese classes, modern Chinese literature classes, courses on Chinese culture, and so on. Moreover these highly readable stories are suitable for self-study and extensive reading.

For the convenience of teaching and learning, we have abridged some long stories and have occasionally made slight changes in wording, always avoiding affecting the plot. Abridgments are identified in the text.

The ten original authors have not only generously granted permission to use their stories, but have offered their warm support and encouragement. For this we would like to express our sincere gratitude. We would like to thank Mr. Mei Xiancao for his many contributions, including composition of the text, layout design, editing the index, and proofreading. Many thanks are also due to Mr. Mei Zhanjin for all of his hard work in putting us in touch with the original authors.

Whatever mistakes remain in the book are solely the responsibility of the compilers.

Ying Wang and Carrie E. Reed
April 2003

Abbreviations and Symbols

abbr	abbreviation
adj	adjective
adp	adverbial phrase
adv	adverbs
ap	adjective phrase
conj	conjunction
id	idiom
int	interjection
lit	literally
m	measure word
n	noun
np	noun phrase
on	onomatopoeia
part	particle
prep	preposition
pron	pronoun
v	verb
vo	verb plus object
vp	verb phrase
vr	verb result

中国当代短篇小说
高级读本

Advanced Reader
of Contemporary Chinese Short Stories

我没有自己的名字
I Don't Have a Name of My Own

余华 *Yu Hua*

　　余华，1960年出生于浙江省杭州市。从童年到青年时期在浙江海盐县度过。从1978年到1983年从事牙医工作。1983年开始文学创作，先后就职于海盐县文化馆、嘉兴市文联。1991年在北京师范大学中文系研究生班获得硕士学位。1997年加入中国作家协会。

　　余华的代表作有长篇小说，《活着》、《许三观卖血记》、《呼喊与细雨》，中短篇小说合集《河边的错误》、随笔集《我能否相信自己》等。长篇小说《活着》曾被改编成电影，在国内外引起了很大的反响。余华是中国"新时期"先锋小说作家之一，早年创作受卡夫卡影响。他的作品打破了传统中国小说的表现手段，常以夸大的、虚幻的文学形象表现人性的扭曲和社会的裂变。

　　小说《我没有自己的名字》最早刊载于《收获》1995年第一期。后来收入《'95年中国小说精萃》。小说通过描写一个弱智人受到的歧视和羞辱揭露了人性中的残忍、冷酷的一面，表现了对弱者深深的同情。

Yu Hua was born in Hangzhou, Zhejiang, in 1960 and spent his childhood and youth in Haiyan County. From 1978 to 1983, Yu worked in dentistry. After beginning to write fiction in 1983, he was employed by the Cultural Center of Haiyan County and the Association of Letters of Jiaxing City. He received his master's degree in Chinese language and literature from Beijing Normal University in 1991 and became a member of the Chinese Writers' Association in 1997.

Yu Hua's representative works include the novels *To Live, The Story of Xu Sanguan Selling His Blood, Shouting and Drizzling Rain;* the collection of short stories and novellas *Mistakes at the River Bank*; and the collection of essays *Can I Believe Myself?* The film based on his novel *To Live* has received acclaim in China and abroad. Yu Hua is one of the avant-guard writers in the "New Period" of Chinese literature. His early writings were greatly influenced by Kafka and his works break with many of the conventions of Chinese fiction, reflecting the degradation of humanity and the transformation of society by the use of exaggerated and surreal literary images.

"I Don't Have a Name of My Own" was first published in the premier issue of *Harvest Magazine* in 1995. Later it was included in *The Best of Chinese Short Stories, 1995*. By describing the discrimination and humiliation that a mentally challenged person encounters in his life, the story exposes the cruel side of human nature and reflects the author's deep sympathy with the wretched and vulnerable.

◆

有一天，我挑着担子从桥上走过，听到他们在说翘鼻子许阿三死掉了，我就把担子放下，拿起挂在脖子上的毛巾擦脸上的汗水，我听着他们说翘鼻子许阿三是怎么死掉的，他们说是吃年糕噎死的。吃年糕噎死，我还是第一次听说，以前听说有一个人吃花生噎死了，这时候他们向我叫起来："许阿三……翘鼻子阿三……"

我低着头"嗯"的答应了一声，他们就哈哈笑了起来，问我："你手里拿着什么？"

我看了看手里的毛巾，说："毛巾。"

他们笑得哗啦哗啦的，又问我：

"你在脸上擦什么？"

我说："擦汗水呀。"

我不知道他们为什么这样高兴，他们笑得就象风里的芦苇那样倒来倒去，有一个抱着肚子说：

"他—还—知道—汗—汗水。"

另一个靠着桥栏向我叫道：

"许阿三，翘鼻子阿三。"

他叫了两声，我也就回答了两声，他两只手捧着肚子问我："许阿三是谁？"

我看了看他，又看了看旁边那几个人，他们都张着嘴睁着眼睛，他们又问我："谁是翘鼻子许阿三？"

我就说："许阿三死掉了。"

我看到他们睁着的眼睛一下子闭上了，他们的嘴张得更大了，笑得比打铁的声音还响，有两个人坐到了地上，他们哇哇笑了一会儿后，有一个人喘着气问我：

"许阿三死掉了……你是谁？"

我是谁？我看着他们嘿嘿地笑，我不知道该怎么回答，我没有自己的名字，可是我一上街，我的名字比谁的都多，他们想叫我什么，我就是什么。他们遇到我时正在打喷嚏，就会叫我喷嚏；他们刚从厕所里出来，就叫我擦屁股纸；他们向我招手的时候，就是叫我过来；向我挥手的时候，就是叫我滚开……还有老狗、瘦猪什么的。他们怎么叫我，我都答应，因为我没有自己的名字，他们只要凑近我，看着我，向我叫起来，我马上就会答应。

我想起来了，他们叫我叫得最多的是：喂！

我就试探地对他们说："我是……喂！"

他们睁大了眼睛，问我："你是什么？"

我想自己是不是说错了，就看着他们，不敢再说。他们中间有人问我："你是什么……啊？"

我摇摇头说："我是……喂。"

他们互相看了看，然后哗哗地笑了起来，我站在那里看着他们笑，自己也笑。桥上走过的人看到我们笑得这么响，也都哈哈地笑起来了。一个穿着花衬衣的人叫我："喂！"

我赶紧答应："嗯。"

穿花衬衣的人指着另一个人说：

"你和他的女人睡过觉？"

我点点头说："嗯。"

另一个人一听这话就骂起来：

"你他妈的。"[1]

然后指着穿花衬衣的人对我说：

"你和他的女人睡觉时很舒服吧？"

我点点头说："嗯。"

他们都哈哈地笑着，他们经常这样问我，还问我和他们的妈妈是不是睡过觉。很多年以前，陈先生还活着的时候，陈先生还没有像翘鼻子许阿三那样死掉时，陈先生站在<u>屋檐</u>下指着我说：

"你们这么说来说去，倒是<u>便宜</u>了他，是不是？这么一来他睡过的女人几卡车都装不下了。"

我看着他们笑的时候，想起了陈先生的话，就对他们说："我和你们的女人都睡过觉。"

他们听到我这样说，一下子都不笑了，都睁着眼睛看我，看了一会儿，穿花衬衣的人走过来，<u>举起手来</u>，一<u>巴掌</u>打下来，打得我的耳朵<u>嗡嗡</u>直响。

陈先生还活着的时候，经常站在药店的柜台里面，他的<u>脑袋</u>后面全是拉开的和没有拉开的小<u>抽屉</u>，手里常拿着一把小<u>秤</u>，陈先生的手又瘦又长。有时候，陈先生也走到药店门口来，看到别人叫我什么，我都答应，陈先生就在那里说话了，他说：

"你们是在<u>作孽</u>，你们还这么高兴，老天爷要罚你们的……只要是人，都有一个名字，他也有，他的名字叫来发……"

---

1. 骂人的话。意思是 "fuck."

陈先生说到我有自己的名字，我叫来发时，我心里就会一跳。我想起来我爹[2]活着的时候，常常坐在门槛上叫我：

"来发，把茶壶给我端过来……来发，你今年五岁啦……来发，这是我给你买的书包……来发，你都十岁了，还他妈的念一年级……来发，你别念书啦，就跟着爹去挑煤吧……来发，再过几年，你的力气就会赶上我啦……来发，你爹快要死了，我快要死了，医生说我肺里长出了瘤子了……来发，你别哭，来发，我死了以后你就没爹没妈了……来发，来，发，来，来，发……"

"来发，你爹死啦……来发，你来摸摸，你爹的身体硬梆梆的……来发，来发，你来看看，你爹的眼睛瞪着你呢……"

我爹死掉后，我就一个人挑着煤在街上走来走去，给镇上的人家送煤，他们见到我都喜欢问我：

"来发，你爹呢？"

我说："死掉了。"

他们哈哈笑着，又问我：

"来发，你妈呢？"

我说："死掉了。"

他们问："来发，你是不是傻子？"

我点点头："我是傻子。"

我爹活着的时候，常对我说：

"来发，你是个傻子，你念了三年书，还认不出一

2.爹：diē 在北方农村人们常常称父亲"爹。"

个字来，来发，这也不能怪你，要怪你妈，你妈生你的时候，把你的脑袋挤坏了，来发，也不能怪你妈，你脑袋太大，你把你妈撑死啦……"

他们问我："来发，你妈是怎么死的？"

我说："生孩子死的。"

他们问："是生哪个孩子？"

我说："我。"

他们又问："是怎么生你的？"

我说："我妈一只脚踩着棺材生我。"

他们听后就要哈哈笑很久，笑完后还要问我：

"还有一只脚呢？"

还有一只脚踩在哪里我就不知道了，陈先生没有说过，陈先生只说女人生孩子就是把一只脚踩到棺材里，没说另外一只脚踩在哪里。

他们叫我："喂，谁是你的爹？"

我说："我爹死掉了。"

他们说："胡说，你爹活得好好的。"

我睁圆了眼睛看着他们，他们走过来，凑近我，低声说：

"你爹就是我。"³

我低着头想了一会儿，说："嗯。"

他们问我："我是不是你的爹？"

我点点头说："嗯。"

我听到他们咯吱咯吱地笑起来，陈先生走过来对我

3.侮辱人的话。贬低对方，意思是说对方是自己的儿子。

说：

"你啊，别理他们，你只有一个爹，谁都只有一个爹，这爹要是多了，做妈的受得了吗？"

我爹死掉后，这镇上的人，也不管年纪有多大，只要是男的，差不多都做过我的爹了。我的爹一多，我的名字也多了起来，他们一天里叫出来的我的新名字，到了晚上我掰着手指数，都数不过来。

只有陈先生还叫我来发，每次见到陈先生，听到他叫我的名字，我心里就是一跳。陈先生站在药店门口，两只手插在袖管里看着我，我也站在那里看着陈先生，有时候我还嘿嘿地笑。站久了，陈先生就会对我挥挥手说：

"快走吧，你还挑着煤呢。"

有一次，我没有走开，我站在那里叫了一声：

"陈先生。"

陈先生的两只手从袖管里伸出来，瞪着我说：

"你叫我什么？"

我心里咚咚跳，陈先生凑近了我说：

"你刚才叫我什么？"

我说："陈先生。"

我看到陈先生笑了起来，陈先生笑着说：

"看来你不傻，你还知道我是陈先生，来发……"

陈先生又叫了我一声，我也像陈先生那样地笑了起来，陈先生说：

"你知道自己叫来发吗？"

我说："知道。"

陈先生说："你叫一遍给我听听？"

我就轻声叫道："来发。"

陈先生哈哈大笑了，我也张着嘴笑出了声音，陈先生笑了一会儿后对我说：

"来发，从今往后，别人不叫你来发，你就不要答应，听懂了没有？"

我笑着对陈先生说："听懂了。"

陈先生点点头，看着我叫道："陈先生。"

我赶紧答应："哎！"

陈先生说："我叫我自己，你答应什么？"

我没想到陈先生是在叫自己，就笑了起来，陈先生摇了摇头，对我说：

"看来你还是一个傻子。"

陈先生很早以前就死掉了，前几天翘鼻子许阿三死掉了，中间还死了很多人。和许阿三差不多年纪的人都是白头发白胡子了，这些天，我常听到他们说自己也快死了，我就想我也快要死掉了，他们都说我的年纪比翘鼻子许阿三大，他们问我：

"喂，傻子，你死掉了谁来给你收尸？"

我摇摇头，我真不知道死掉以后，谁来把我埋了？我问他们死了以后谁去收尸，他们就说：

"我们有儿子，有孙子，还有女人，女人还没有死呢，你呢，你有儿子吗？你有孙子吗？你连女人都没有呀。"

　　我就不作声了，他们说的我都没有，我就挑着担子走开去。他们说的，许阿三倒是都有。翘鼻子许阿三被烧掉的那天，我看到了他的儿子，他的孙子，还有他家里的人在街上哭着喊着走了过去，我挑着空担子跟着他们走到<u>火化场</u>，一路上<u>热热闹闹</u>的，我就想要是自己有儿子，有孙子，家里再有很多人，还真是很好的事。我走在许阿三的孙子旁边，这孩子哭得比谁都响，他一边哭一边问我：

　　"喂，我是不是你的爹？"

　　现在，年纪和我差不多的人都不想再做我的爹了，以前他们给我取了很多名字，到头来他们还是来问我自己，问我叫什么名字？他们说：

　　"你到底叫什么？你死掉以后我们也好知道是谁死了……你想想，许阿三死掉了，我们只要一说许阿三死了，谁都会知道，你死了，我们怎么说呢？你连个名字都没有……"

　　我知道自己叫什么名字，我叫来发，以前只有陈先生一个人记得我的名字，陈先生死掉后，就没有人知道我的名字了。现在他们都想知道我叫什么，我不告诉他们，他们就哈哈地笑，说傻子就是傻子，活着时是个傻子，死掉后躺到棺材里还是个傻子。

　　我也知道自己是个傻子，知道我这个傻子老了，我这个傻子快要死了，有时想想，觉得他们说得也对，我没有儿子，没有孙子，死了以后就没人哭着喊着送我去烧掉。我还没有自己的名字，我死掉后，他们都不知道是谁死了。

这些天，我常常想起从前的那条狗来，那条又瘦又小、后来长得又壮又大的黄狗，他们也叫它傻子，我知道他们叫它傻子是在骂它，我不叫它傻子，我叫它：

"喂。"

那个时候街上的路没有现在这么宽，房子也没有现在这么高，陈先生经常站在药店门口，他的头发还都是黑黑的，就是翘鼻子许阿三，都还很年轻，还没有娶女人，他那时常说：

"像我这样二十来岁的人……"

那个时候我的爹倒是已经死了，我挑着煤一户一户人家送，一个人送了有好几年了。我在街上走着，时常看到那条狗，又瘦又小，张着嘴，舌头挂出来，在街上舔来舔去，身上老是湿淋淋的。我时常看到它，所以翘鼻子许阿三把它提过来时，我一眼就认出它来了，许阿三先是叫住我，他和好几个人一起站在他家门口，许阿三说：

"喂，你想不想娶个女人？"

我站在路的对面看到他们嘿嘿地笑，我也嘿嘿地笑了几下，他们说：

"这傻子想要女人，这傻子都笑了……"

我说："娶个女人做什么？"

"做什么？"许阿三说："和你一起过日子……陪你睡觉，陪你吃饭……你要不要？"

我听许阿三这样说，就点了点头，我一点头，他就把那条狗提了出来，许阿三接过来递给我，那狗的脖子被捏着，四只脚就蹬来蹬去，汪汪乱叫，许阿三说：

"喂，你快接过去。"

他们在一边哈哈笑着，对我说：

"傻子，快接过来，这就是你的女人。"

我摇摇头说："它不是女人。"

许阿三冲着我叫起来：

"它不是女人？那它是什么？"

我说："它是一条狗，是小狗。"

他们哈哈笑起来说："这傻子还知道狗……还知道是小狗……"

"胡说。"许阿三瞪着我说道："这就是女人，你看看……"

许阿三说着提着狗的两条后腿，扯开后让我看，他问我：

"看清楚了吗？"

我点点头，他就说：

"这还不是女人？"

我还是摇摇头，我说：

"它不是女人，它是一条雌狗。"

他们哄哄地笑了起来，翘鼻子许阿三笑得蹲到了地上，那条小狗的后腿还被他捏着，头擦着地汪汪叫个不止。我站在他们旁边也笑了，笑了一会儿，许阿三站起来指着我，对他们说：

"他还看出了这狗是雌的。"

说完他蹲下去又吱吱地笑了，笑得就象是知了在叫唤，他的手一松开，那条狗就呼地跑了。

从那天起，翘鼻子许阿三他们一见到我就要说：

"喂，你的女人呢……喂，你女人掉到粪坑里去了啦……喂，你女人正叉着腿在撒尿……喂，你女人吃了我家的肉……喂，你女人像是怀上了……"

他们哈哈哈哈笑个不停，我看到他们笑得高兴，也跟着一起笑起来，我知道他们是在说那条狗，他们都盼着有一天我把那条狗当成女人娶回家，让我和那条狗一起过日子。

他们天天这么说，天天这么看着我哈哈笑，这么一来，我再看到那条狗时，心里就有点怪模怪样的，那条狗还是又瘦又小，还是挂着舌头在街上舔来舔去，我挑着担子走了过去，走到它身边就会忍不住站住脚，看着它，有一天我轻声叫了它一下，我说："喂。"

它听到了我的声音后，对我汪汪叫了好几声，我就给了它半个吃剩下的馒头，它叼起馒头后转身就跑。

给它吃了半个馒头后，它就记住我了，一见到我就会汪汪叫，它一叫，我又得给它吃馒头。几次下来，我就记住了往自己口袋里多装些吃的，在街上遇着它时也好让它高兴，它啊，一看到我的手往口袋里放，就知道了，两只前脚举起来，对着我又叫又抓的。

后来，这条狗就天天跟着我了，我在前面挑着担子走，它在后面走得吧哒吧哒响，走完了一条街，我回头一看，它还在后面，汪汪叫着对我摇起了尾巴，再走完一条街它就不见了，我也不知道它跑哪儿去了，等过了一些时候，它又会突然窜出来，又跟着我走了，有时候它这么一跑开后，要到晚上天黑了的时候才回来，我都躺在床上睡觉了，它跑回来了，蹲在我的门口汪汪叫，我还得打开门，把自己给它看看，它才不叫了，对着我摇了一会儿尾巴后，转身吧哒吧哒地走去了。

我和它在街上一起走，翘鼻子许阿三他们看到了都嘿嘿笑，他们问我：

"喂，你们夫妻出来散步？喂，你们夫妻回家啦？喂，你们夫妻晚上睡觉谁搂着谁？"

我说："我们晚上不在一起。"

许阿三说："胡说，夫妻晚上都在一起。"

我又说："我们不在一起。"

他们说："你这个傻子，夫妻图的就是晚上在一起呀。"

许阿三做了个拉灯绳的样子，对我说：

"喀嗒，这灯一黑，快活就来啦。"

翘鼻子许阿三他们要我和狗晚上在一起，我想了想还是没有和它在一起。这狗一到天黑，就从我的门口吧哒吧哒走开了，我也不知道它去了什么地方。天一亮，它又回来了，在我的门口一蹭一蹭的，等着我去开门。

白天，我们就在一起，我挑着煤，它在一边走着，我把煤送到别人家里去时，它就在近旁跑来跑去。一会儿，等我一出来，它马上就跟上我了。

那么过了些日子，这狗就胖得滚圆起来，也长大了很多，它在我身边一跑，我都看到它肚子上的肉一<u>抖</u>一抖的，许阿三他们也看到了，他们说：

"这母狗，你们看，这肥母狗……"

有一天，他们在街上拦住了我，许阿三<u>沉</u>着脸对我说："喂，你还没<u>分</u>糖呢？"

他们一拦住我，那狗就对着他们汪汪叫，他们指着路对面的小店对我说：

"看见了吗？那柜台上的<u>玻璃</u>瓶，瓶里装着糖果，看见了吗？快去。"

我说："去做什么？"

他们说："去买糖。"

我说："买糖做什么？"

他们说："给我们吃。"

许阿三说："你他妈的还没有给我们吃喜糖[4]呢！喜糖！你懂不懂？我们都是你的<u>大媒人</u>！"

他们说着把手伸进我的口袋，摸我口袋里的钱，那狗见了就在边上又叫又跳，许阿三抬脚去<u>踢</u>它，它就叫着<u>逃</u>开了几步，许阿三又上前走了两步，它一下子逃远了。他们摸到了我胸口的钱，全都拿了出来，取了两张两角的钱，把别的钱<u>塞</u>回到我胸口里，他们把我的钱高高举起，笑着跑到对面的小店里。他们一跑开，那狗就向我跑过来了，它刚跑到我的眼前，一看到他们又从小店里出来，马上又逃开去了。许阿三他们在我手里<u>塞</u>了几颗糖，说："这是给你们夫妻的。"

4.喜糖：中国人结婚时要买很多糖果送给亲戚朋友，让大家分享新婚夫妇的幸福喜悦。结婚时新婚夫妇分发给别人的糖果就叫作喜糖。

他们嘴里咬着糖，哈哈哈哈地走去了，我手里捏着他们给我的糖往家里走，那条狗在我前面跑来跑去，汪汪乱叫，叫得特别响，它一路跟着我叫到了家，到了家它还汪汪叫，不肯离开，在门前对我仰着脑袋，我就对它说："喂，你别叫了。"

它还是叫，我又说："你进来吧。"

它没有动，仍是直着脖子叫着，我就向它招招手，我一招手，它不叫了，呼的一下窜进屋来。

从那天起，这狗就在我家里住了。我出去给它找了一堆稻草回来，铺在屋角，算是它的床。这天晚上我前前后后想了想，觉得让狗住到自己家里来，和娶个女人回来还真有点一样，以后自己就有个伴了，就像陈先生说的，他说：

"娶个女人，就是找个伴。"

我对狗说："他们说我们是夫妻，人和狗是不能做夫妻的，我们最多只能做个伴。"

我坐到稻草上，和我的伴坐在一起，我的伴对我汪汪叫了两声，我对它笑了笑，我笑出了声音，它听到后又汪汪叫了两声，我又笑了笑，还是笑出了声音，它就又叫上了。我笑着，它叫着，那么过了一会儿，我想起来口袋里还有糖，就摸出来，我剥着糖纸对它说：

"这是糖，是喜糖，他们说的……"

我听到自己说是喜糖，就偷偷地笑了几下，我剥了两颗糖，一颗放到它的嘴里，还有一颗放到自己嘴里，我问它："甜不甜？"

我听到它喀喀地咬着糖，声音特别响，我也喀喀地咬着糖，声音比它还要响，我们一起喀喀地咬着糖，咬了几下我哈哈地笑出声来了，我一笑，它马上就汪汪叫上了。

我和狗一起过日子，过了差不多有两年，它每天都和我一起出门，我挑上重担时，它就汪汪地叫着在前面跑，等我担子空了，它就跟在后面走得慢吞吞的。镇上的人看到我们都喜欢嘻嘻地笑，他们向我们伸着手指指点点，他们问我：

"喂，你们是不是夫妻？"

我嘴里嗯了一下，低着头往前走。

他们说："喂，你是不是一条雄狗？"

我也嗯了一下，陈先生说：

"你好端端的一个人，和狗做什么夫妻？"

我摇着头说："人和狗不能做夫妻。"

陈先生说："知道就好，以后别人再这么叫你，你就别嗯嗯的答应了……"

我点点头，嗯了一下，陈先生说：

"你别对我嗯嗯的，记住我的话就行了。"

我又点点头嗯了一下，陈先生挥挥手说：

"行啦，行啦，你走吧。"

我就挑着担子走了，狗在前面吧哒吧哒地跑着。这狗像是每天都在长肉，我觉得还没过多少日子，它就又壮又大了，这狗一大，心也野起来了，有时候一整天都见不着它，不知道它跑到哪儿去了，要到天黑后它才回来，在门口一蹭一蹭的，我开了门，它溜进来后就在屋角的稻草上趴下来，狗脑袋搁在地上，眼睛斜着看我，我这时就要对它说：

"你回来啦，你回来就要睡觉了，我还没有说完话呢，你就要睡觉……"

我还没有说完话，狗眼睛已经闭上了，我想了想，也把自己的眼睛闭上了。

我的狗大了，也肥肥壮壮了，翘鼻子许阿三他们见了我就说：

"喂，傻子，什么时候把这狗宰了？"

他们吞着口水说："到下雪的时候，把它宰了，放上水，放上酱油，放上桂皮，放上五香……慢慢地炖上一天，真他妈的香啊……"

我知道他们是想吃我的狗了，就赶紧挑着担子走开了，那狗也跟着我跑了，我记住了他们的话，他们说下雪的时候要来吃我的狗，我就问陈先生：

"什么时候会下雪？"

陈先生说："早着呢，你现在还穿着汗衫，等你穿上棉袄的时候才会下雪。"

陈先生这么说，我就把心放下了，谁知道我还没穿上棉袄，还没有下雪，翘鼻子许阿三他们就要吃我的狗了，他们拿着一根骨头，把我的狗骗到许阿三家里，关上门窗，拿起棍子打我的狗，要把我的狗打死，打死后还要在火里炖上一天。

我的狗也知道他们要打死它，要吃它，它钻到许阿三床下后就不出来了，许阿三他们用棍子捅它，它汪汪乱叫，我在外面走过时就听到了。

这天上午我走到桥上，回头一看它没有了，到了下午走过许阿三家门口，听到它汪汪叫，我站住脚，站了一会儿，许阿三他们走了出来，他们看到我后说：

"喂，傻子，正要找你……喂，傻子，快去把你的狗叫出来。"

他们把一个绳套塞到我手里，他们说：

"把它套到狗脖子上，勒死它。"

我摇摇头，把绳套推开，我说："还没有下雪。"

他们说："这傻子在说什么？"

他们说："他说还没下雪。"

他们说："没有下雪是什么意思？"

他们说："不知道，知道的话，我也是傻子了。"

我听到狗还在里面汪汪地叫，还有人在用棍子在捅它，许阿三拍拍我的肩膀说：

"喂，朋友，快去把狗叫出来……"

他们一把将我拉了过去，他们说：

"叫他什么朋友……少和他说废话……快去拿着绳套……去把狗勒死……不去？不去把你勒死……"

许阿三挡住他们，许阿三对他们说：

"他是个傻子，你再吓唬他，他也不明白，要骗他才行……"

他们说："骗他，他也一样不明白。"

我看到陈先生走过来了，陈先生的两只手插在袖管里，一步一步地走过来了。

他们说："干脆把床拆了，看那狗还躲哪儿去？"

许阿三说："不能拆床，这狗已经急了，再一急它就要咬人啦。"

他们对我说："你这条雄狗，公狗，赖皮狗……我们在叫你，你还不快答应。"

我低着头嗯了两声，陈先生在一边说话了，他说：

"你们想要他帮忙，得叫他的真名，这么乱叫乱骂的，他肯定不会帮忙的，说他是傻子，有时候还真不傻呢。"

许阿三说："对，叫他真名，谁知道他的真名？他叫什么？这傻子叫什么？"

他们问："陈先生知道吗？"

陈先生说："我自然知道。"

许阿三他们围住了陈先生，他们问：

"陈先生，这傻子叫什么？"

陈先生说："他叫来发。"

我听到陈先生说我叫来发，我心里突然一跳。许阿三走到我面前，搂着我的肩膀，叫我："来发……"

我心里咚咚跳了起来，许阿三搂着我往他家里走，他边走边说：

"来发，你我是老朋友了……来发，快去把狗叫出来……来发，你只要走到床边上……来发，你只要轻轻叫一声……来发，你只要'喂'的叫上一声……来发，就看你了。"

我走到许阿三的屋子里，蹲下来，看到我的狗趴在床底下，身上有很多血，我就轻轻地叫了它一声：

"喂。"

它一听到我的声音，呼地一下窜了出来，扑到我身上来，用头用身体来撞我，它身上的血都擦到了我的脸上了，它呜呜地叫着，我还从来没有听到它这样呜呜地叫过，叫得我心里很难受，我伸手去抱住它，我刚抱住它，他们就把绳套套到它的脖子上了，他们一使劲，把它从我怀里拉了出去，我还没觉察到，我抱着狗的手就空了，我听到它汪地叫了半声，它只叫了半声，我看到它四只脚蹬了几下，就蹬了几下，它就不动了，他们把它从地上拖了出去，我对他们说："还没有下雪呢。"

他们回头看看我，哈哈哈哈笑着走出屋去了。

这天晚上，我一个人坐在狗睡觉的稻草上，一个人想来想去，我知道我的狗已经死了，已经被他们放上了水，放上了酱油，放上了桂皮，放上了五香，他们要把它在火里炖上一天，然后，他们就会把它吃掉。

我一个人想了很久，我知道是我自己把狗害死的，是我自己把它从许阿三的床底下叫出来的，它被他们勒死了。他们叫了我几声来发，叫得我心里咚咚跳，我就把狗从床底下叫出来了。想到这里，我摇起了头，我摇了很长时间的头，我对自己说，以后谁叫我来发，我都不会答应了。

词汇

挑	tiāo	*v* to carry something on both ends of a shoulder pole
担子	dànzi	*n* a pole for carrying loads on one's shoulder
翘鼻子	qiàobízi	*n* nickname of person who has a nose like a pig
脖子	bózi	*n* neck
年糕	niángāo	*n* New Year's cake (made of glutinous rice flour)
噎	yē	*v* to choke
花生	huāshēng	*n* peanut
汗水	hànshuǐ	*n* sweat
芦苇	lúwěi	*n* reed
抱	bào	*v* to hold/carry in one's arms
捧	pěng	*v* to hold/carry something level in both hands
打铁	dǎtiě	*vo* to forge iron
哇哇	wāwā	*on* sound of crying
喘	chuǎn	*v* to gasp for breath
嘿嘿	hēihēi	*on* sound of laughing
打喷嚏	dǎpēntì	*vo* to sneeze
屁股	pìgu	*n* buttocks; rear end
挥手	huīshǒu	*vo* to wave (one's hands)
滚开	gǔnkāi	*vr* to beat it; to get the hell out
凑近	còujìn	*v* to approach; to lean close to
试探地	shìtànde	*adv* exploratively
哗哗	huāhuā	*on* sound of clanging/gurgling etc.
屋檐	wūyán	*n* eaves

便宜	piányi	*v* to let someone off lightly
举	jǔ	*v* to raise; to lift
巴掌	bāzhang	*n* palm of the hand
嗡嗡	wēngwēng	*on* drone; hum; buzz
脑袋	nǎodai	*n* head
抽屉	chōuti	*n* (cabinet/desk) drawer
秤	chèng	*n* weighing scale
作孽	zuòniè	*vo* to do evil things
门槛	ménkǎn	*n* threshold
茶壶	cháhú	*n* teapot
端	duān	*v* to hold something level
煤	méi	*n* coal
肺	fèi	*n* lungs
瘤子	liúzi	*n* tumor
摸	mō	*v* to touch
硬梆梆	yìngbāngbāng	*adj* firm; hard
瞪	dèng	*v* to stare at
傻子	shǎzi	*n* fool
挤	jǐ	*v* to squeeze; to press
撑	chēng	*v* to prop up; to brace
踩	cǎi	*v* to step on
棺材	guāncai	*n* coffin
咯吱咯吱	gēzhīgēzhī	*on* sound of creaking
掰着手指	bāizheshǒushǐ	*vp* to count on one's fingers
插	chā	*v* to insert

袖管	xiùguǎn	*n* sleeve
咚咚	dōngdōng	*on* rat-a-tat; thump-thump-thump
收尸	shōushī	*vo* to bury the dead
埋	mái	*v* to bury
火化场	huǒhuàchǎng	*n* crematorium
热闹	rè'nao	*adj* buzzing with excitement
壮	zhuàng	*adj* strong
宽	kuān	*adj* wide
娶	qǔ	*v* to take a wife
舌头	shétou	*n* tongue
挂	guà	*v* to hang
舔	tiǎn	*v* to lick
湿淋淋	shīlínlín	*adj* drenched; sopping wet
捏	niē	*v* to hold between the fingers
蹬	dēng	*v* to press down with foot
汪汪	wāngwāng	*on* sound of barking
冲	chòng	*prep* facing
扯开	chěkāi	*vr* to pull open
雌狗	cígǒu	*n* female dog; bitch
哄哄	hōnghōng	*on* roars of laughter
蹲	dūn	*v* to squat on heels
擦	cā	*v* to rub; to scrub
吱吱	zhīzhī	*on* sound of tittering
知了	zhīliǎo	*n* cicada
松开	sōngkāi	*vr* to loosen; to let go

呼地	hūdi	*on* sound of wind (onomatopoeia used as adverb)
粪坑	fènkēng	*n* manure pit
叉	chǎ	*v* to part; forming a fork
撒尿	sā'niào	*vo* to piss; to pee
怀	huái	*v* to be pregnant
盼	pàn	*v* to hope for; to expect
怪模怪样	guàimúguàiyàng	*ap* queer; odd
忍不住	rěnbuzhù	*vp* can't help but do something
馒头	mántou	*n* steamed bun
叼	diāo	*v* to hold in mouth
抓	zhuā	*v* to scratch; to catch
吧哒吧哒	bādābādā	*on* sound of clicking
摇	yáo	*v* to shake; to wave, to wag
尾巴	wěiba	*n* tail
窜	cuàn	*v* to flee; to scurry
搂	lǒu	*v* to hold in one's arms; to hug
图	tú	*v* to seek; to pursue
拉灯绳	lādēngshéng	*vo* to pull down a lamp string to turn off the light
喀嗒	kādā	*on* sound of rattling
快活	kuàihuo	*n* happiness; thrill
蹭	cèng	*v* to rub
滚圆	gǔnyuán	*adj* round as a ball
抖	dǒu	*v* to tremble; to shake
沉	chén	*v* to pull a long face; to look displeased

分糖	fēntáng	*vo* to distribute candy
玻璃	bōli	*n* glass
媒人	méiren	*n* matchmaker
踢	tī	*v* to kick
逃	táo	*v* to escape
塞	sāi	*v* to fill/stuff in
咬	yǎo	*v* to bite
仰	yǎng	*v* to face upward
堆	duī	*m* heap; pile
稻草	dàocǎo	*n* rice straw
铺	pū	*v* to lay; to spread out
伴	bàn	*n* companion
剥	bāo	*v* to peel
偷偷地	tōutōude	*adv* stealthily; secretly
甜	tián	*adj* sweet
喀喀地	kākāde	*on* sound of cracking
慢吞吞	màntūntūn	*adj* irritatingly slow; sluggish
指指点点	zhǐzhǐdiǎndiǎn	*vp* to point at
雄	xióng	*adj* male
好端端	hǎoduānduān	*adj* in good condition
长肉	zhǎngròu	*vo* to grow fat
野	yě	*adj* wild
溜	liū	*v* to sneak; to slip
趴	pā	*v* to lie prone
搁	gē	*v* to put

斜	xié	*v* to look sideways at
宰	zǎi	*v* to slaughter
吞	tūn	*v* to swallow; to gulp down
口水	kǒushuǐ	*n* saliva
酱油	jiàngyóu	*n* soy sauce
桂皮	guìpí	*n* cinnamon bark
五香	wǔxiāng	*n* five-spice mixture (prickly ash, star aniseed, cinnamon, clove, fennel)
炖	dùn	*v* to stew
棉袄	mián'ǎo	*n* cotton padded/quilted jacket
骨头	gútou	*n* bone
骗	piàn	*v* to deceive
棍子	gùnzi	*n* rod; stick
钻	zuān	*v* to get/dig into
捅	tǒng	*v* to poke; to stab
绳套	shéngtào	*n* loop
套	tào	*v* to encase; to hitch
勒死	lēisǐ	*vr* to strangle to death
推开	tuīkāi	*vr* to push away
肩膀	jiānbǎng	*n* shoulder
废话	fèihuà	*n* nonsense; rubbish
挡住	dǎngzhù	*vr* to ward off; to block
吓唬	xiàhu	*v* to threaten
干脆	gāncuì	*adj* step on it; clear cut
躲	duǒ	*v* to hide
急	jí	*adj* irritated; mad

公狗	gōnggǒu	*n* male dog
赖皮狗	làipígǒu	*n* mangy dog; loathsome creature
答应	dáying	*v* to answer; to reply
自然	zìrán	*adv* naturally
围	wéi	*v* to surround
呜呜	wūwū	*on* toot; hoot
难受	nánshòu	*adj* feel unwell/ unhappy/pained
使劲	shǐjìn	*v* to exert all one's strength
怀	huái	*n* bosom
拉	lā	*v* to pull; to draw; to drag
觉察	juéchá	*v* to realize; to become aware
拖	tuō	*v* to pull; to drag

词语例句

倒是 = contrary to what is expected; actually

★ 你们这么说来说去，倒是便宜了他。

1. 他们说的，许阿三倒是都有。

2. 你的主意倒是不错，让我再考虑考虑。

到头来 = in the end; finally

★ 以前他们给我取了很多的名字，到头来他们还是来问我自己，问我叫什么名字？

1. 她交了好几个男朋友，可是到头来还是跟她中学同学李明结婚了。

2. 我申请了十多个外省的大学，到头来还是上了离家最近的工学院。

到底 = what on earth？really？(used in question; to emphasize)

★ 你到底叫什么名字？

1. 你到底听懂了我的意思没有？

2. 他到底今天为什么这么不高兴？

这么一来 = because of this; from then on

★ 他们天天这么说…这么一来，我再看到那条狗时，心里就有点怪模怪样的。

1. 我每天睡觉前都把闹钟上到七点，这么一来，我就不再迟到了。

2. 他女朋友的父亲有一家电脑店，请他夏天去帮忙，这么一来，他夏天就不用找工作了。

仍/仍然/仍是 = still; yet

★ 它没有动，仍是直着脖子叫着。

1. 放假半个多月了，妹妹每天仍是早早就起床，起来后就读英文。

2. 结婚以后，因为买不起房子，这对新婚夫妇仍然住在新娘父母的家里。

最多 = at most; maximum

★ 人和狗是不能做夫妻的，我们最多只能做个伴。

1. 我的钱也不多了，最多只能借给你二十块。

2. 妈妈跟孩子说，你还有功课呢，不能玩起来没完，最多也只能再玩一个小时。

讨论题

根据小说内容回答下列问题：

1. 故事中的"我"（来发）是一个什么样的人？
2. 故事中的人们是怎样对待来发的？陈先生与别人的态度有什么不同？
3. 除了来发爹和陈先生以外，为什么别人都不叫来发的真名？名字对一个人的意义是什么？
4. 小说中来发和狗的关系是怎样的？许阿三等人又是怎样对待狗的？

5. 从许阿三等人对待来发的态度和他们对待狗的态度，我们看到了人性中的哪个方面？
6. 小说中的陈先生说，来发"有时候还真不傻"。你同意他的看法吗？请你指出来发在哪些地方"不傻"。
7. 你怎么看许阿三这种人？你在生活中见过这种人吗？你觉得这种人对我们社会有什么样的影响？
8. 你怎么解释故事的结尾？最后来发为什么放弃了自己的名字？

请进一步思考和讨论以下问题：

1. 通过一个弱智人来发的故事，作者启发读者思考什么问题？请从以下两个方面思考：

   (1)社会上存在的对弱智、残疾人的歧视。
   (2)人类本性上的弱点和丑陋："以强凌弱"和"把自己的快乐建立在别人的痛苦之上"的残忍和冷酷。

2. 请分析小说中来发和陈先生的形象，在这两个人物身上体现出哪些人性特点？陈先生同情来发，但是他真正了解关心来发的感情吗？为什么？
3. 小说选用第一人称叙事，叙事人是"傻子"来发。作者为什么选用这个叙事角度？这种写法有什么好处？

一个病人
A Patient

棉棉 *Mianmian*

　　棉棉，当代中国新生代女作家。1970年出生于上海。17岁至25岁之间生活极其动荡，去过很多城市，做过各种短暂职业。1995年回上海养病。她从16岁就开始写作。1997年发表作品。

　　由于个人多彩的生活经历，棉棉笔下的人物常常包括歌手、吸毒者、妓女、同性恋、无赖、自封自赏的艺术家和堕落的年轻人等。她笔下"痛苦的新一代"以及独特的自我表现的写作风格，很快吸引了大量的青年读者。2001年1月她的小说《糖》在《收获》上发表之后，成为当时最为畅销的小说。并随后发表了小说集《每个好孩子都有糖吃》和《盐酸情人》。其小说能集中反映社会时代问题，整个意境灰暗却富有激情，被视为年轻一代最出色的作家之一。

　　《一个病人》收入2000年出版的小说集《每个好孩子都有糖吃》。故事描写一个吸毒者在精神病医院戒毒的经历，并通过第一人称的视角反映了吸毒者的心理活动和其对环境、周围人的观察。

Mianmian is a female contemporary "New Generation"(1990s or later) writer. Born in Shanghai in 1970, she drifted during her late teens and early twenties, living in many different cities and working temporary jobs and finally returning to Shanghai for drug rehabilitation in 1995. Mianmian started writing when she was only sixteen and published her first fictional piece in 1997.

Reflecting her own colorful life experience, Mianmian's characters include singers, drug addicts, prostitutes, homosexuals, lunatics, self-proclaimed artists, and young degenerates. Her depiction of "suffering youth," as well as her self-reflective writing style, quickly attracted a large following of young readers. After its publication in *Harvest Magazine*, her story "Candy" quickly became a best-seller. Mianmian subsequently published the story collections *Every Good Kid Has Candy to Eat* and *Acid Lover*. Her stories depict contemporary social problems. Although her imagery is often dark, her writing is full of passion and she is viewed as one of the best young writers in China.

Included in *Every Good Kid Has Candy to Eat* (2000), "A Patient" relates the experience of a drug addict's in-patient rehabilitation. Told in the first-person voice, the story reflects the addict's mental state and her observation of the people living and working in the mental hospital.

◆

　　我的护理员来问我晚上要吃什么，她说你有一些芝麻汤圆和康师傅[1]方便面。接着她说你要洗脸吗？需不需要给你弄点热水来？我睁开眼看着床边的这个人，她是一个四十多岁的女人，很大的颧骨，颧骨突出，面色黑红，穿着紫红的棉衣棉裤，看上去是一个劳动妇女，我说为什么你是我的护理员？为什么除了我这里所有的人都穿着一样的衣服？她说因为我是一个病人。我说你也是来戒毒的吗？她的嘴慢慢地咧了开来，她说你不知道在这里的病人是什么病吗？我说什么病？这里是戒毒所，不是吗？她的身体左右晃动起来，她亲切地告诉我我们都是犯了错误的精神病人。我说什么？精神病人？你犯了什么错误？她的眼睛看着我的眼睛，她说我杀了我老公的爸爸。我说杀人？你为什么杀他？她说因为他总是骂我，所以我就在他吃的泡饭里放了些农药。

　　我23岁，我是一个药物依赖患者。我曾致力于酒精和音乐，后来献身于海洛因和巧克力，我认为我是天生的化学人，我一直觉得在这方面我是个孤独的疯子。今天下午我被父亲送到这里来了，我现在反应特别迟钝，因为我已经开始用药，我想我的神智也不是很清楚，但我还是被眼前的事情搞怕了，我想共产党（我父亲）真厉害，把戒毒病人和杀了人的精神病人放在一起共同治病，这样戒了毒出去的人不会想再吸毒。比起他们，我想我应该为自己的行为羞愧，因为我已经开始感到羞愧

---

1. 康师傅：一种方便面的商标。

了。海洛因把我弄成了白痴，下午进来的时候我还在想为什么这个房间只有我一个人，为什么上海的吸毒者都是这么老的呢？

在最难熬的72小时里，由于我那要命的哮喘病，医生没有给我用"昏迷法"。我的看护每天帮我上厕所洗脸刷牙，她还为我打扫房间，有一次在她扶我去厕所的时候，一个病人对我说你看你现在的样子，出去了再也不要吸毒了知道吗？

这是个非常大的房间，大房间里还有一个大房间，是精神病人和强制戒毒病人的睡房，看上去像有无数张床，每张床上摆放着雪白的被子。这些被子看上去像一本本杂志，使我想到了北京的那种白皮书。还有一个房间是厕所和洗手池，那里永远是黑的，只有一缕月光，白天的光线也像月光，冷得像冰柜。在最小的房间里，放着上下铺四个床位，是自愿戒毒病人的病房。

病人在阳光下做着纸牌，或者拆纱，她们聊着天，有时和医生一起聊天，她们的声音像小鸟一样，我在我的病房里看她们，一切看起来都很安静。午夜后她们会唱歌，集体大合唱，这是她们必做的功课。她们除了唱《北京的金山上光芒照四方》这样的老歌外，还会唱一些很时髦的歌，比如《萧洒走一回》、《谢谢你的爱》等，这些歌都是那些不断进去的戒毒病人抄在小黑板上教会她们的。唱完歌她们就排队领药吃，然后午睡。

我的脑子一直是空空的，我想这可能也不只是因为用药的原故，在我停止了长时间每天重复的吸毒动作之后，我真的不知道我生活的内容在哪里。断了点滴以后我开始到外面的大房间晒太阳，突然有一个病人在我的侧面捅了我一下，她说给我吃块饼干好吗？她的目光对着别处，时不时又会闪回来看我找饼干。我把饼干递给她时有好几个病人在看我，不过她们很快就收回了她们的目光。我发现这里所有的病人都有左右摇晃她们身体的习惯，摇晃身体的同时还不停地换着她们的左右脚。

我被允许给我父亲打电话。我说爸爸我很好，只是我要一个镜子，他们把我的镜子收走了，我想让他们把镜子还给我，我要一个镜子。我的医生把我叫到办公室里，她说不给你镜子是怕你自杀，或者怕让别的病人拿到后闯祸，现在你自己收好了。

这天晚上有个病人在洗手间羞怯地对我说你可不可以把镜子给我们用一下？只用一下，马上还给你。我看着她，我说只用五分钟好吗？我拿出我的手掌大的小镜子，大家开始轮流照镜子，这个晚上一点也不寂寞了。那个问我借镜子的照的时间最长，一个病人告诉我她还是处女，在这里已经十五年了。我说怪不得你看上去那么年轻。她说不年轻了，老了老了，在她说老了老了的时候我开始流眼泪，戒毒的时候很容易哭，有时是莫名奇妙的，我为自己的眼泪有点尴尬，但也没人注意到这点。为了掩饰我的尴尬，我马上就问你怎么会进来的？一个病人告诉我这个人作孽，她把她姐姐的小孩子全杀了。我说天啊！天啊！她对着镜子摸着她的脸。一个病人说她说她们是魔鬼，所以她把她们给杀了。一个病人说因为她姐姐对她不好。

我拿回了我的镜子。那个晚上我一直在想为什么会有人发疯到杀人，为什么在这之前她们没被送到医院去治疗？在月光下，我觉得我是多么<u>幸运</u>，我突然<u>确定</u>了自己不是个化学疯子，我只是个<u>胆小如鼠</u>的人，或者是我爸说的"我女儿<u>绝对</u>是个好孩子，她只是迷了路。"

我的伙食和所有病人的是一样的，那是些我实在没法<u>下咽</u>的食物，我可以叫医生帮我在医院的小店里买一些<u>小包装</u>食品。我的看护每天为我<u>煮</u>东西吃，我每次都要给她吃，但是她从来不吃，除非医生说你吃吧她才会吃。一个病人告诉我因为她杀了她丈夫的父亲，所以她的家人从来不来看她，也不<u>负担</u>她的医疗费，所以每天除了做看护以外，她还要穿着雨鞋去食堂干活。我觉得她很喜欢干活，劳动让她看上去很快活。一个病人边笑边告诉我她劳动只能为自己付一些必须付的<u>费用</u>，她没有钱买<u>手纸</u>，买肥皂，她总是拿着一张手纸进厕所，<u>蹲</u>下来的时候就把手纸藏进了口袋。

一个病人面朝着<u>墙壁</u>站在那里，我发现她就是那个"处女病人"，我陪她站在那里，她头朝下，不看我。一个病人说她又被罚站了，因为她神经病，她又说这里的院长是她的老公。

一个病人被叫到办公室，我听见管教在问她你到底偷了戒毒病人什么？然后她不停地重复<u>榨菜</u>苹果<u>香蕉</u>香蕉苹果榨菜。

我出去的日期<u>终于</u>到了，在感谢了所有的人之后，我叫我爸给了医生一百块，我说这钱是给我的看护买东西的，谢谢她对我的帮助。

在我第二次又被我爸送回这家医院的时候，我是光头，吸毒恍惚使我被车撞了，我失去了我的那头长发，而且也瘦得不成样子，我想我自己都认不出我自己了。

当我走近病房的那把大铁锁时，一个病人在大喊我的名字，她说她又来了她又来了，这次她没头发了。

这次我爸又说我的女儿绝对是个好孩子，她只是太任性，这我们有责任，我们愿意付出代价。医生说我们都被你爸爸感动了，你自己想想吧。然后我被送去检查HIV和梅毒。然后医生给我药，这一次她们不再给我用上次用过的药，她们给我换了治疗方法，她们说得让你吃点苦头，否则你不会改正。

每天我有一些黄色的、粉红色的、白色的小药片。我吃了这些药片没法睡觉，浑身发热，在房间里走来走去，有时还会一个人说话说个不停，颠三倒四的。一个晚上，一个病人突然滑进我房间，她说如果你想早点出去，黄药片别再吃了。我刚抬起头来她就不见了，她把我给吓着了，我哭了一场之后决定不吃黄色的那种药片了，我跟医生说我不要吃黄药片。

在做了很多噩梦之后我又一次渐渐好起来，这一次我开始和她们一起劳动。一个病人教会我怎么做纸牌，我开始想我的妈妈，我想她做的菜，想她的一切。我每天和她们一起看着黑板唱歌。只是我仍旧没法忍受那些那些食物。每个月有一次午饭是红烧大肉，这是病人们最开心的时间。有个病人说你为什么不吃肉？你为什么不吃肉？这话被医生听见了，我的医生是个非常漂亮的上海女人，时髦的女知识分子。她说你为什么不吃这个肉？我说我恶心。真的恶心。她说你以为你是谁？今天我要你把它吃下去。我说我实在吃不下去。她说你想不想早点出去？我说想。她说那就吃下去。她说你和别的病人没什么两样，你要记住这点。我说我不吃。她说那好我把你爸爸叫来，看你吃不吃。然后她看着我吃下了那块肉，又看着我一阵阵地呕吐了出来，我边吃边哭。她说你和别的病人是一样的，不要再让我看见你浪费。你上次给你看护的一百块钱被没收了你知道吗？你和别的病人没什么两样，而且你害得她永远不可以再做看护了，你要记住这点。

一个病人得了皮肤病，所以她不可以和我们一起劳动，她一个人坐在板凳上看着我们劳动。当我走过她身边的时候她问我你在外面是在哪里混的？我说什么？什么在哪里混的？你在哪里混的？她说我在JJ迪斯科混的。然后她看着我，我一点也看不出她是个有病的人，但是她也有那种左右晃动身体并不停换左右脚的习惯。

有一批吸毒者被警车送了进来，开始有点热闹了，她们是强制戒毒病人。一个病人有一次突然对我说你的血管太好了，一点问题没有，这一针打下去肯定很爽，我突然想到"你和别的病人没什么两样"这话，我躲回了房间。

快到年底了，病人们被一辆漂亮的旅遊车接走去了一次浦东[2]，回来以后，有一个病人对我说外面现在很好啊！

圣诞节了，我们有了自己的晚会，一个病人吃了我的巧克力开始唱歌给大家听，她是这里唯一戴眼镜的病人，她唱的是那种唱诗班的圣诞歌，她的真假声混合非常自如，她的声音很美妙。她唱完后我问她你怎么会唱这些歌？她说我是个老师。我说你怎么会进来的？她说我杀了我的丈夫。我说你为什么杀你丈夫？她说老公长得太小，一掐就掐死了。她说完这话，表情平静。

我开始恨自己，想海洛因把我脑子弄坏了，否则我怎么会认为自己有权利这样问她们"为什么会进来？"

我发誓再也不会问这个问题了。

那天的集体大合唱是一首小情歌，几十个老女人大声唱着"让我想你想你想你，最后一次想你，因为明天我将成为别人的新娘，深深地把你想起。"歌声整齐，毫无感情，却真挚动人，触动我的心扉，我第一次找到了我的心。

圣诞节的第二天早上，我很早就醒了。一个病人到我房间里来把碗拿出去，她问我这么好的包子为什么不吃？她每天都会问我同样的问题，我每天都会回答我不吃你吃吧！这天我说完她就把我的碗拿了出去，然后再拿着拖把进来准备拖地，然后她突然就靠着墙口吐白沫缩成一团。我不敢喊，我看着她，我看着我的取暖器，我怕她会突然把取暖器向我砸来。护士小姐正好路过，

---

2. 浦东：Pǔdōng (地名)上海市的一个区。

我压低着嗓子说你看，她这是怎么了？护士小姐进来后把拖把放在她手中让她握住，然后对她说马上好了，没事，马上好了。几分钟之后她就站起来了，然后她继续开始拖地，她脸色苍白，头发像钢丝一样，我很想过去拖地，但我一动也不敢动。过了一会儿，护士小姐进来对我说她发病是因为她吃你的包子，每天吃你的包子，今天被别的病人集体批评，所以她发病了，以后如果你不吃你的包子，请轮流发给她们每个人。

快过元旦了，大家都打扮干净，因为探视的时间到了。一个病人和她的儿子一起吃蛋糕。一个病人和她丈夫在说话。一个病人和她妈妈在一起，她的妈妈老得不得了。一个病人在那里等着。我双手插在袖子里坐在床边，我的双脚在左右晃动着，我看着我妈妈送来的巧克力，我妈只在我病房坐了十分钟，我妈说门卫很凶，门卫说对你们这种吸毒者没什么可看的，我妈说她感觉自己现在像个罪犯，所以她得快点出去，以免再次挨训。

出去的日子临近，我被放到大房子里和所有的病人一起睡觉，每天晚上她们会在梦里说话，我睡不着，总是饿，半夜起来嚼饼干，一个病人在被子里看着我笑，她说我想不通你怎么会睡到这里来。

我回家了。我说我要洗澡，我太久没洗澡了。我说家里的浴室太冷，我怕冷，我要去公共浴室洗澡。我妈给了我一块钱，她说够了。我想她不敢给我多的钱。因为她怕我会去吸毒。

我回到了家乡，来到小时候经常到的公共浴室，我带着我爸给我买的假发，<u>气喘吁吁</u>地洗着澡。由于<u>体力不支</u>，假发掉了下来，有一个人先是看看我的假发，再看看我<u>毛绒绒</u>的头，最后把目光停留在我身体上。

　　洗完澡出来我用两毛钱买了一块<u>油炸糕</u>，滚烫的炸糕粘在了我的牙上，我想这炸糕真香，而且这么便宜。我很高兴我再也不用吃康师傅和闲趣饼干[3]了，我想我这辈子都不要再吃那些东西了。我想也许我的人生可以在这一刻重新开始，我想着我的家，我想现在我不会冷了，我想着刚刚离开的医院，我想现在我是唯一一个出来过年的病人，然后我告诉自己：真的，海洛因是<u>超级垃圾</u>。

词汇

护理员	hùlǐyuán	*n* nurse' aide
汤圆	tāngyuán	*n* dumplings served in soup
方便面	fāngbiànmiàn	*n* instant noodles
颧骨	quángǔ	*n* cheekbones
戒毒	jièdú	*vo* to kick a drug habit
咧	liě	*v* to grin
晃动	huàngdòng	*vr* to rock; to sway
精神病	jīngshénbìng	*n* mental disorder
老公	lǎogōng	*n* (方言) husband
泡饭	pàofàn	*n* thick gruel (from reboiled rice)
农药	nóngyào	*n* agricultural/farm chemical; pesticide

---

　　3. 闲趣饼干：一种饼干的商标。

药物依赖者	yàowùyīlàizhě	*n* drug addict
致力于	zhìlìyú	*vp* to devote oneself (to)
酒精	jiǔjīng	*n* alcohol
献身于	xiànshēnyú	*vp* to devote/dedicate oneself to
海洛因	hǎiluòyīn	*n* (外来词) heroin
巧克力	qiǎokèlì	*n* (外来词) chocolate
孤独	gūdú	*adj* lonely; solitary
疯子	fēngzi	*n* lunatic; madman
迟钝	chídùn	*adj* slow (thought/action)
神智	shénzhì	*n* mind; intelligence
羞愧	xiūkùi	*adj* ashamed; abashed
白痴	báichī	*n* idiot
难熬	nán'áo	*adj* difficult to endure
哮喘病	xiàochuǎnbìng	*n* asthma
昏迷法	hūnmífǎ	*n* electric shock treatment
吸毒	xīdú	*vo* to take drugs
白皮书	báipíshū	*n* white book; an official report of government affairs with white cover
一缕	yīlǚ	*m* a thread/strand
纸牌	zhǐpái	*n* playing cards
拆	chāi	*v* to dismantle; to remove; to separate
纱	shā	*n* yarn; gauze
集体	jítǐ	*n* group
大合唱	dàhéchàng	*n* chorus; cantata
时髦	shímáo	*adj* fashionable; in vogue
萧洒	xiāosǎ	*adj* free and easy

领	lǐng	*v* to receive/have something
点滴	diǎndī	*n* intravenous drip
晒太阳	shàitàiyáng	*vo* be exposed to the sun
捅	tǒng	*v* to poke; to stab
闪	shǎn	*v* to flash
递	dì	*v* to forward; to transmit
摇晃	yáohuàng	*v* to rock; to sway
允许	yúnxǔ	*v* to permit
闯祸	chuǎnghuò	*vo* to get into trouble
羞怯	xiūqiè	*adj* shy and timid
手掌	shǒuzhǎng	*n* palm
轮流	lúnliú	*adv* by turns; in turn
寂寞	jìmò	*adj* lonely; lonesome
怪不得	guàibude	*conj* no wonder; so that's why
莫名其妙	mòmíngqímiào	*ap* without reason
尴尬	gān'gà	*adj* embarrassed; awkward
掩饰	yǎnshì	*v* to cover up
作孽	zuòniè	*vo* to do evil things
摸	mō	*v* to touch; to feel
魔鬼	móguǐ	*n* monster; demon
幸运	xìngyùn	*adj* very fortunate
确定	quèdìng	*v* to determine; to define
胆小如鼠	dǎnxiǎorúshǔ	*ap* cowardly; lily-livered; chicken
绝对	juéduì	*adv* absolutely; definitely
下咽	xiàyàn	*v* to swallow

小包装	xiǎobāozhuāng	*n* small package
煮	zhǔ	*v* to cook; to boil
负担	fùdān	*v* to bear; to shoulder
费用	fèiyong	*n* expenses; costs
手纸	shǒuzhǐ	*n* toilet paper
肥皂	féizào	*n* soap
蹲	dūn	*v* to squat on heels
墙壁	qiángbì	*n* wall
榨菜	zhàcài	*n* hot pickled mustard plant
香蕉	xiāngjiāo	*n* banana
终于	zhōngyú	*adv* finally
光头	guāngtóu	*n* bare/shaven head
恍惚	huǎnghū	*adj* absent minded
瘦	shòu	*adj* thin; emaciated
铁锁	tiěsuǒ	*n* iron lock
任性	rènxìng	*adj* willful; headstrong
代价	dàijià	*n* price; cost (of doing something)
感动	gǎndòng	*v* to move; to touch
检查	jiǎnchá	*v* to examine; to check
梅毒	méidú	*n* syphilis
治疗	zhìliáo	*n* treatment; cure
改正	gǎizhèng	*v* to correct; to amend
浑身	húnshēn	*n* from head to toe; all over
颠三倒四	diānsāndǎosì	*vp* to show incoherence; to disorder
滑	huá	*v* to slip; to slide

噩梦	è'mèng	*n* nightmare
渐渐	jiànjiàn	*adv* gradually; little by little
仍旧	réngjiù	*adv* still; as before
忍受	rěnshòu	*v* to endure; to bear
红烧大肉	hóngshāodàròu	*n* large pieces of meat braised in soy sauce
恶心	ě'xin	*v* to feel nauseated
呕吐	ǒutù	*v* to vomit
浪费	làngfèi	*v* to waste; to squander
害	hài	*v* to harm
皮肤病	pífūbìng	*n* skin disease; dermatitis
混	hùn	*v* to muddle/drift along
迪斯科	dīsīkē	*n* (外来词) disco
警车	jǐngchē	*n* police car/van
热闹	rènao	*adj* excitement
爽	shuǎng	*adj* comfortable
圣诞节	Shèngdànjié	*n* Christmas
唱诗班	chàngshībān	*n* choir
自如	zìrú	*adv* smoothly
美妙	měimiào	*adj* beautiful; wonderful
掐	qiā	*v* to strangle; to clutch
表情	biǎoqíng	*n* facial expression
平静	píngjìng	*adj* calm; quiet
发誓	fāshì	*vo* to vow; to pledge
情歌	qínggē	*n* love song
整齐	zhěngqí	*adj* in unison

毫无	háowú	*vp* to completely lack
真挚	zhēnzhì	*adj* sincere; cordial
触动	chùdòng	*v* to stir up emotions
心扉	xīnfēi	*n* way of thinking
拖把	tuōbǎ	*n* map
白沫	báimò	*n* saliva; froth
缩成一团	suōchéngyìtuán	*vp* to coil the body into a ball; to go into the fetal position
取暖器	qǔnuǎnqì	*n* heater
砸	zá	*v* to smash
压低	yādī	*v* to lower (voice etc.)
嗓子	sǎngzi	*n* voice
握住	wòzhù	*vr* to hold tight
苍白	cāngbái	*adj* pale
钢丝	gāngsī	*n* steel wire
打扮	dǎban	*v* to dress/make up
探视	tànshì	*v* to visit
插	chā	*v* to insert; to interpose
袖子	xiùzi	*n* sleeve
门卫	ménwèi	*n* entrance guard
凶	xiōng	*adj* vicious; (wear a) fierce (look)
罪犯	zuìfàn	*n* criminal
以免	yǐmiǎn	*conj* in order to avoid
挨训	áixùn	*v* to suffer/endure a lecture
临近	línjìn	*adj* close
啃	kěn	*v* to gnaw; to nibble

想不通	xiǎngbutōng	*vp* can't follow the reasoning
气喘吁吁	qìchuǎnxūxū	*vp* to short of breath; pant
体力不支	tǐlìbùzhī	*vp* to lack of (physical) strength
毛绒绒	máoróngróng	*adj* hairy; downy
油炸糕	yóuzhágāo	*n* fried cake
超级	chāojí	*adj* super
垃圾	lājī	*n* garbage

词语例句

由于 = owing to; due to

★ 由于我那要命的哮喘病，医生没给我用"昏迷药"。

1. 由于腿受了伤，昨天那场蓝球比赛他没上场。

2. 由于天气不好，飞机晚点了。

除非⋯才⋯ = only if; only then; unless

★ 除非医生说你吃吧她才会吃。

1. 除非你请我去，我才会去。

2. 除非天气好，他才会去散步。阴天雨天他从不出门。

否则 = otherwise; 要不/要不然/不然

★ 她们说得让你吃点儿苦头，否则你不会改正。

1. 圣诞节前飞机票不好买。你得提前一个月订票，否则买不到便宜票。

2. 第一次去纽约一定得随身带上一张地图，否则你容易迷路。

以免 = in order to avoid; so as not to

★ 她得快点儿出去，以免再次挨训。

1. 你今天把闹钟上好，明天早点儿起来，以免再迟到。

2. 酒后千万不要开车，以免出交通事故。

讨 论 题

根据小说内容回答下列问题：

1. 小说中的"我"是一个戒毒病人，可是却被送进了精神病院。作者为什么强调这种特殊的安排？
2. 在"我"的眼中，精神病人和强制戒毒病人生活在一个什么样的"世界"里？
3. "我"跟她周围的精神病人显然不同。你觉得她们的根本不同在哪儿？
4. 根据"我"的观察，这些病人受到的待遇怎么样？
5. 为什么"我"觉得自己比精神病人幸运？
6. "我"在精神病院的治疗显然没有见效。因为"我"毒瘾又犯了，所以第二次被送进了医院。在你看来，为什么"我"的治疗没有效果？
7. 你怎么解释故事中的女医生逼"我"吃肉的事件？
8. 作者是怎么写精神病院中的圣诞晚会的？
9. 在你看来"我"跟父母亲的关系怎么样？他们真的关心"我"吗？最后是什么才使"我"悟出了海洛因是超级垃圾？

请进一步思考和讨论以下问题：

1. 小说用第一人称的写法把"我"这个戒毒病人置于精神病院这样一个"疯人"世界。在家人、医生、护士、和看门保安的眼里，戒毒病人无异于疯子、犯人。可是，"我"却神智清醒，观察敏锐。请说明"我"在精神病院中观察到了什么？作者在这里隐喻什么？

2. 近年来吸毒问题在中国日趋严重，引起社会各界重视。这篇小说涉及到这个社会问题的哪些方面？请从以下几个方面思考：

   ①社会和医学界对戒毒问题缺乏足够的认识和有效的措施。
   ②吸毒者依恋药物的原因：厌弃逃避现实，或者是"好孩子迷了路"。
   ③戒毒教育和心理治疗在中国还没有引起重视。

下午茶
Afternoon Tea

裘山山 *Qiu Shanshan*

　　裘山山，女作家，1958年生于浙江杭州。1976年应征入伍，作过战士、教导队语文教员，西南军事文学杂志社编辑。1983年毕业于四川师大中文系，文学学士。现在成都军区《西南军事文学》任副主编。1995年加入中国作家协会。

　　1978年开始发表作品。著有散文集《女人心情》、《五月的树》，短篇小说集《裘山山小说精选》，中篇小说《咱们是邻居》、《男婚女嫁》、《无罪辩护》等。

　　《下午茶》发表在《中国年度最佳小说·99短篇卷》。小说通过一个离婚的中年女性与一个男人的邂逅相遇，着重刻画当代职业女性的心态和她企待的一种男女关系。

Qiu Shanshan was born in Hangzhou, Zhejiang, in 1958. She joined the People's Liberation Army in 1976 and served as a soldier, a Chinese-language teacher for the Officer Training Center, and an editor for *Southwest Military Literature Magazine*. She earned a B.A. in Chinese language and literature from Sichuan Normal University in 1983, joined the Chinese Writers Association in 1995, and is now deputy chief editor for *Southwest Military Literature Magazine*.

Qiu began to publish fiction in 1978. Representative works include her collections of essays *Women's Sentiments* and *The Tree of May*; the short story collection *The Selected Stories of Qiu Shanshan*; and the novellas *We Are Neighbors*, *Marriage*, and *Defense for the Innocent*.

"Afternoon Tea" is included in *The Best Fictional Writings of 1999: Short Stories*. Through an accidental encounter between a middle-aged female divorcee and a man, the story explores a modern professional woman's state of mind and the kind of relationship she desires.

◆

田湄推着自行车，<u>不经意</u>地抬起头，发现天气放晴了。厚厚的云层被一只看不见的手<u>撕</u>成了薄片。阳光正<u>透过丝丝缕缕</u>的薄片<u>照射</u>下来。她想，阴雨终于过了。这么想的时候，她的前轮一下子<u>撞上</u>了什么。<u>视线移</u>下来，是一辆小汽车的后<u>屁股</u>。紫红色的小汽车，非常漂亮。车窗里立刻有个脑袋<u>探</u>了出来，不满地看了田湄一眼。田湄想，还好走得慢，这种车<u>碰不得</u>。

大门的<u>保安挡住</u>了汽车，汽车又挡住了大门。田湄只好<u>侧身</u>从保安后面过去，她听见车里一个男人不耐烦地说，租了你们的写字间，还能没个车位？田湄<u>瞟</u>了一眼，见说话的是一张有些面熟的脸。这张脸<u>挨</u>在司机的旁边，看见田湄<u>愣</u>了一下，接着以更不耐烦的<u>口吻</u>说，你们的<u>物业管理</u>是怎么搞的？还文化单位呢。

田湄明白了这一定是租他们<u>报社</u>大楼的<u>主</u>。他们报社的17层高楼有10层是租出去的。只有伸进云里的7层是他们自己的。她进<u>车棚</u>锁好车，脑子却始终被刚才那一眼<u>纠缠</u>着。在哪儿见过呢？肯定见过的。某个<u>采访对象</u>？还是……田湄一时脑子发木。紫红色的小车受了极<u>大委屈</u>似的开进来，<u>驶</u>过田湄身边，然后<u>滑</u>进了地下停车场。田湄看见男人已经下了车，朝大楼里走。

在电梯间他们又遇上了。田湄<u>断定</u>自己认识他。很多次，田湄碰见面熟的人想不起来，最后人家把她叫出来了。所以这一次田湄决定<u>主动</u>打招呼。她点点头说你好。男人似有些<u>意外</u>，但还是点点头，也说了声你好。

男人按了7楼，很快就下去了。

走出电梯时男人回了一下头，好像想说些什么，终于又没有说。电梯的门合上了。就在电梯门合上的一瞬间，田湄想起了男人是谁了，他就是他，具体地说，他就是那个十几年前她拒绝过的男人。

那是田湄刚从插队农村回到城市的时候，25岁，还没有对象。父母着急，把她推进了走马灯一样的择偶生活中。她见了一个又一个，像通常出现的情况那样，都没成。这中间有那么一两个，她见了第一次之后又见了第二次，也就是说，一时成为重点，其中就有他—这位她今天邂逅的男人。

他当时是个中学教师，教物理。应该说他的硬件都符合她的条件，或者说她父母定的标准：年长两岁，学理工科，家乡人。可不知怎么，两个人走到一起，总是没话说。田湄当时想，现在就没话说，将来成了夫妻还不得绝音？于是回绝了。据介绍人说他很生气，他说田湄对婚姻的态度很不理性。他还说感情是可以培养的。有了感情自然就会有话说的。田湄听到这个说法觉得挺意外，心里略有些歉疚，也略有些后悔。

两年后她终于嫁给了现在的丈夫，他让她下决心嫁的理由就是他让她有话说。有话说说明他们之间有缘，有吸引力。可是田湄却不知道，话是可以说尽的。在经过了15年的婚姻生活之后，他们终于把话说尽了，或者说把好话说尽了，剩下的尽是气话。气话说多了，只有离婚。这是田湄没有预料到的。

第二天中午吃饭，田湄在大楼的餐厅里又一次遇见了那个男人，男人正在窗口买菜，看见田湄就点点头。很快，男人就和另一个男人找到了个靠窗的座位坐下。田湄注意到他用的是和自己一样的饭卡。他们报社在大楼中间修了一座漂亮的餐厅，因为伙食开得很好，所以许多报社以外的人员也愿意来这里用餐。餐厅本着盈利的原则一律欢迎。

田湄因为改一个版面下来晚了，独自一个人坐在那儿，要了份抄手一边吃一边看稿子。看稿子不是敬业，是怕尴尬。男人在旁边滔滔不绝地说着什么，好像是公司业务，房地产什么的。

因为想起他是谁了，田湄不好意思过去打招呼。男人吃完饭把碗一搁，另一个男人显然是他手下，就拿去洗了。男人点起一只烟，很自然地转过头来和她打招呼说，你在报社上班？田湄点点头。田湄想，看来他也想起自己是谁了。

男人指指地板，说，我在你们楼下租了半层楼。田湄点点头。男人说，有空来坐坐。田湄点点头。除了点点头，她好像不会别的。

男人走了。从背影看，他比过去宽了许多。

整个下午，田湄坐在办公室里发呆。办公室朝南，午后的阳光斜斜地照进来，让人平添了几分惆怅。此刻他们报社顶楼的茶厅里，阳光一定更好，她想，不知靠着落地玻璃窗的那个座位是否还空着？

许多年来，准确地说是搬到这个办公大楼以后，田湄的心里一直有一个向往，那就是某一天和一个有情调的男人在顶楼的茶厅里喝一次下午茶。这个人必须和她熟悉，但又没有熟悉到不在乎她的程度。而且他还得能和她谈得来，也就是说，得有点儿文化。他们坐在茶室里漫无目的地闲聊，享受着阳光和闲适的生活。但这样一个简单的愿望却由于缺少男主角而一直无法实现。

其实过去别人也约她喝过茶，但每次都让她失望。对方通常都是知道她离异了，怀着某种热情邀请她的。这样的约会要么太甜，要么太酸，要么就发涩。田湄一直想自己来安排一回不带任何功利目的的约会。

现在，田湄忽然觉得这个男主角出现了。从各方面来说，今天这个男人最合适进入她向往的情景了。他认识她，却不了解她今天的状况。他曾是个老师，文化不会低，经过了这么多年的闯荡，阅历也不会少。

就是不知他肯不肯？她曾经拒绝过他，曾经让他难堪，不过田湄想，事情已经过去十几年了，怨气该消解了，如今他混得不错……至少从表面上看如此，不会计较的。一般春风得意的人都比较宽宏大量。他今天不是主动和自己打招呼了吗？说不定他还想让自己多了解他的近况，为过去的拒绝懊悔呢。这也能得到一种人生的快意呀。

当然，今天显然是不可能的。尽管今天的太阳如此好。刚刚才见面，太唐突了。最好是再见几次之后，稍稍熟悉一些之后。田湄踏实地想，反正现在他们在一个大楼里上班，见面的机会有的是。等到哪天自己有勇气了，就打个电话到楼下去约他。

田湄这样想的时候，忽然意识到男人并没有给自己留下联系的电话，他只是说有空来坐坐。他是什么公司的，怎么联系，她都一无所知，他们忘了互换名片。

这时，一个小姑娘抱着一摞信走进办公室，夸张地说，田老师，就你的信多。

田湄站起来去接信，笑着说，可惜都是写给田编辑的，不是写给我的。

小姑娘反应很快，说，听见没有，我们田老师在等信呢。

田湄说，岂止等信，还等人呢。

大家都笑了。他们这个办公室，历来气氛是比较轻松，因为年轻人居多。田湄离婚后曾告诫自己，别让人家说女人离了婚脾气怪，所以特别注意脾气，常和几个小青年说说笑笑。即使真有事生气了，也克制着。大家果然说，田老师一点也不像个离了婚的女人。

但是大家却不知道，田湄一个人在家掉眼泪的时候多着呢。

几天后，大概是两天后吧，田湄又在电梯里遇见那个男人了。这次比较特别，他的身边有一个孩子。田湄很自然地问，是你的孩子？男人摇摇头，然后颇有意味地一笑：我的孩子。电梯里人太多，他没说下去。

田湄听那语气，似乎是说，我的孩子，我都不知道在哪儿。或者：我的孩子，我哪里见得到？还可能是：我的孩子哪会那么小？或者，我的孩子哪会那么大？

田湄确定不了是哪一种。但田湄已经有点儿感觉，他的家庭似乎也不太<u>妙</u>。他总是在报社吃饭，甚至<u>包括</u>晚饭。工作有那么忙吗？这样更好，田湄<u>自私</u>地想，如果他家庭非常<u>美满</u>，他就会很<u>依恋</u>，不会有兴趣在外面<u>逗留</u>的。

但这一次碰面，除了说了几句<u>莫名其妙</u>关于孩子的的话，他们没有做更多的交谈。更不可能交换名片了。后来他们还在电梯里碰到过，她发现男人上班挺<u>准时</u>。但他们从来没在电梯里说过三句以上的话，有时一句都没说，只是点点头。因为他所在的7楼总是很快就到，而她又没有任何理由在7楼走下去。她得<u>上升</u>到15楼。

这让田湄的那个想法始终停在心里 ，<u>毫无进展</u>。

周末转眼来临。对田湄来说，周末是她另一个职业的开始。她要全心全意地做母亲。女儿读小学六年级，正是比较紧张的时候。所以在这两天半的周末里，田湄为她做了<u>周密</u>的安排。星期五晚上学<u>琵琶</u>；星期六上午<u>作文班</u>，下午做作业；星期天上午数学班。<u>惟一</u>能休息的是星期天下午。

为了让女儿不致<u>厌倦</u>，她总是把这半天安排得很幸福，下了课先吃麦当劳[1]，然后母女二人<u>逛逛</u>商场，这时候田湄会<u>毫无原则</u>地给女儿买这买那。逛完商场之后又去饭馆吃饭，吃女儿最喜欢的炒<u>田螺</u>或辣<u>螃蟹</u>。

不过这个星期天的晚上，田湄却<u>不得不</u>把女儿带到报社吃饭了。她负责的那个版面"百姓<u>屋檐</u>下"搞了一

---

1. 麦当劳：McDonalds 快餐店。

次征文，响应者之多出乎她的意料，只好加班。女儿总算懂事，虽然不高兴，也还是跟着来了。

母女俩来到餐厅，周末的餐厅显得有些冷清。刚买好饭菜坐下，男人进来了。田湄正用手撕扯着鸡翅膀，因为沾了一手的油，她就叫女儿在包里给她找餐巾纸。女儿半天翻不到，他走过来递上一张。田湄抬头看见了他，毫无思想准备，一时竟有些局促，连谢谢也忘记说了。

男人倒是很从容，笑笑，也去买饭菜，然后很自然地走过来和她们母女俩坐在一起。他没问这是你女儿，大概他一眼看出来了。他说，怎么，周末还吃食堂？田湄说，食堂干净。后来田湄想，这算个什么理由？要干净家里更干净。于是她补充说，晚上我们要加班。

然后她问，你们也加班？

她总算把话题还给了他。男人说，我们无所谓加班不加班，反正有事情就得做，她说，我看你们公司人不多。男人说，是，我们总共不到十个人，我不喜欢搞那么大规模。男人又自负地说，可是我们这几个人平均每年为国家上缴的利税比那些大公司的人要多。田湄想，看来他的公司的效益不错。不过田湄这么想的时候一点也不嫉妒。在报社工作就是有这么个好处，什么样的鸟都见过，怎么飞都不会让她吃惊。她说我看你也是够忙的。男人说，是啊，每件事都得亲自去跑。就象毛主席说的，扫帚不到，灰尘照例不会自己跑掉。

田湄一下乐了，这种话让她感到亲切。

女儿奇怪地看看她，不明白有什么好笑的。田湄很想再接着他的话题说点什么，比如问问他成家了吗？但女儿却开始打岔。

女儿对和她说话的任何男人都非常警惕，尤其对能让她开心的男人更为警惕。有一次女儿竟说，妈，我看你就别找了，你一个人挣的钱够用了。在女儿眼里，母亲如果再婚，肯定是为了经济上的原因。田湄有时会为此感到有些伤心，觉得女儿太不关心自己的感情生活。自己毕竟才40岁呀。可是一想，现在这种局面是自己造成的，她也就原谅了女儿。

男人很明白似的，不再说什么，迅速地吃了饭，先走掉了。

从报社出来已是晚上10点，田湄感到很累。女儿早已被前夫接走了，她又成了孤单一人。差不多每次周末结束时，田湄都会感到身心疲惫，体力和感情都已经透支。这种时候她的心情总是特别地糟，特别希望有个人说说话，能在新的一天到来时，陪她喝喝下午茶。可是女儿临走前竟然说，妈你真的是加班吗？不是和人约会吧？她有些生气地说，是约会又怎么样？你现在怎么学会干涉我了？田湄沮丧地想，女儿怕自己约会，自己还没人可约呢。

在大楼外，田湄意外地看见了那个男人，他正站在停车场的出口处和一个人说话。田湄想跟他打个招呼，话到嘴边才突然想起不知道叫他什么好，叫他名字是不合适的，他们还没有熟悉到那个程度，最好是叫他某经理，这样既尊重又有距离，可要命的是，她竟想不起他姓什么了。第一次邂逅时她就回忆过他的名字，只想起他叫什么<u>剑侠</u>，因为他爸爸是个<u>武侠迷</u>，但是却没想起姓什么，大概名字特别，反而<u>忽略</u>了姓。田湄脑子里迅速地转着，周剑侠？不像，赵剑侠？不像。孙剑侠？也不像。徐剑侠……还是不像。因想不起男人姓什么，就<u>放弃</u>到招呼的念头。她<u>独自</u>走出报社大门，车流人流<u>渐稀</u>，田湄望望天空，心里<u>舒坦</u>了一些。

有辆车从后面慢慢开过来，田湄往边上让了让车，车却滑得更慢了。等田湄回头时，车又滑走了，然后加速<u>驶远</u>。田湄认出是那个男人的车，心里一时有些不好受。在她看来他应该<u>摇</u>下车窗，伸出头说，要不要我送你一段？那样的话，田湄会毫不<u>犹豫</u>地坐上去的，她真的觉得很累，真的很希望有人送她回家。

但是，田湄也只能是叹气了。

走了两步，她放弃了坐公车的打算，<u>招手</u>叫了辆<u>的士</u>，决定享受一下被人送回家的<u>滋味儿</u>，尽管这人是个陌生人。

日子一天一天过去，田湄与男人仍是时时碰到，但仍没有进一步的交往。田湄想，看来他还是不想和自己交往。不然他干嘛不主动给她一张名片？也许他对往事仍<u>耿耿于怀</u>。也是，一个大男人，干嘛要和一个否定过自己的女人<u>重修前</u>好呢？<u>何况</u>还没好过。

田湄对此倒很<u>想得通</u>。只是有一点让她<u>苦恼</u>，他们总是要碰上，每次碰上，田湄就会被那个苦恼<u>缠住</u>：他到底叫什么剑侠？<u>至今</u>她已经试过20个以上的姓氏了，没有一个对上号的。有一回她几乎确定他叫孙剑侠了，可再见到面时，她又把它否定了。为此，田湄真<u>恨不得</u>能找一本百家姓来翻翻。

由于想不出男人姓什么，田湄心里那个喝茶的念头也一下子淡了许多。她觉得自己怎么能和一个不明不白的人喝茶呢。

但是有一天，事情终于起了变化。

事情的<u>来龙去脉</u>是这样的。这天中午他们又在餐厅碰上了。男人先到，田湄后到。田湄看见他，还是习惯性地点点头，好像一个老熟人。男人买了饭菜，主动坐到了她的对面。

男人坐下来之后对田湄说，有一件事，我一直想问问你。田湄问什么事。男人似乎有些犹豫。田湄<u>敏感</u>地想，该不是问当年为什么拒绝他吧？那可不是一两句话能说清楚的。田湄这样想的时候，突然就说出了那句她一直想说的话，她说我们这个大楼的顶楼上有个茶室，相当不错，要不咱们上那儿去说？男人立即同意了，于是两人约好今天下午4点在茶室见面。

天气虽然不是特别地好，也还符合田湄的要求，多云，阳光偶尔从云层里<u>款款</u>步出，<u>俯视</u>人间。但不知怎么，田湄心里并没有出现想象中的期待和兴奋，反而很不安。她不断地猜测，男人找她问什么事？或者说，是真的有事，还是借口想和她聊聊？聊什么？是往事还是今天？

田湄想，最好他也是和自己一样，只想找个人喝喝茶。

不管怎么样，田湄决定下午早些上去，把那个靠窗的位置占上。她想象中的下午茶就是那个位置，朝西，午后的阳光正好照射进来。

不过，当田湄真的在那个位置上坐下，并且面对那个男人时，却找不到感觉了。她满脑子被一个非常具体的问题占据，他姓什么。到底是什么剑侠？田湄决定在没弄清楚这一点之前不展开谈话。

小姐走过来，问他们喝什么茶。田湄征询男人的意见，男人反问她，她就点了一壶碧螺春[2]。

男人说，好像你们搞文字工作的人都喜欢喝茶？

田湄说是。

男人说，这些年你还好吧？

田湄说，还好。

茶送来了。透明的玻璃杯里，叶片还蜷缩着，只透出一点点绿。田湄端在手上，让阳光透过，叶片轻曼地舞着，渐渐舒展起来，让田湄心里找到了一点感觉。她说，我最喜欢看茶叶泡开的样子了。男人听了这话，也端起杯子来看，正想说什么，手机响了，男人说了声抱歉，就去接电话。

田湄觉得有些扫兴。喝下午茶时真不应该有电话搅进来。她把头转向窗外，远近都是楼房，高高低低，灰成了一片。即使是午后的阳光也无法把它们照得温暖明

---

2. 碧螺春：一种茶叶的品牌。

亮。她想，等男人接完电话，她就说，<u>我提议</u>咱们都把电话<u>传呼</u>关掉。但她听见男人在一旁打电话的声音有些不快，似乎是工程出了什么麻烦。

男人关了电话抱歉地说，对不起。田湄说，你没事吧？男人说问题不大，工地上有些麻烦。田湄就不好说有关电话的话了。她忽然说，咱们还没有交换名片呢。男人说，就是，我老忘。男人一边说一边摸出<u>皮夹</u>，但翻了一下后说，真不好意思，我的名片用完了。这样，我给你写一个。

男人撕下一张纸，熟练地写了3大<u>串</u>阿拉伯数字。办公室电话，传呼，还有手机。但田湄<u>渴望</u>见到的那个姓却没有出现。田湄<u>假装</u><u>不经意</u>地说，还有你的大名和公司的大名呢？男人又低头写。写了公司正要写他的名字，手机又响了。这次男人连对不起都<u>顾不上</u>说，赶紧接电话，而且很快就皱起了<u>眉头</u>。

田湄听出还是刚才那件令他<u>挠头</u>的事，看来他必须马上赶过去。

田湄端起茶杯细细地看，所有的叶片都已舒展开来了，叶片上的<u>茎脉</u><u>清晰</u>可见，好像回到了阳光照耀下的山坡。

这么好的茶，只好自己一个人喝了。

词汇

不经意	bùjīngyì	*ap* inattentive; careless
撕	sī	*v* to tear; to rip

透	tòu	*v* to penetrate; to seep through
丝丝缕缕	sīsīlǚlǚ	*ap* threadlike; wispy
照射	zhàoshè	*v* to shine on; to light up
撞上	zhuàngshang	*vr* to collide
视线	shìxiàn	*n* line of vision
移	yí	*v* to move
屁股	pìgu	*n* buttocks; butt
探	tàn	*v* to stretch/pop forward
碰不得	pèngbùdé	*vp* can't afford to offend
保安	bǎoān	*n* security
挡住	dǎngzhù	*vr* to block; to stop
侧身	cèshēn	*vo* to sidle
瞟	piǎo	*v* to glance sidelong at
挨	āi	*v* to get close to; to be next to
愣	lèng	*v* to be distracted; stupefied
口吻	kǒuwěn	*n* tone of voice
物业管理	wùyèguǎnlǐ	*n* property management
报社	bàoshè	*n* newspaper office
主	zhǔ	*n* (口语) person
车棚	chēpéng	*n* bicycle shed
纠缠	jiūchán	*v* to get entangled
采访对象	cǎifǎngduìxiàng	*n* interviewee
委屈	wěiqū	*n* feel wronged; be obstructed
驶	shǐ	*v* to drive
滑	huá	*v* to slide

断定	duàndìng	*v* to conclude; to form judgment
主动	zhǔdòng	*adv* on one's own initiative
意外	yìwài	*adj* unexpected; unforeseen
按	àn	*v* to press; to push down
终于	zhōngyú	*adv* at (long) last; in the end; finally
一瞬间	yīshùnjiān	*adv* in a twinkling
具体	jùtǐ	*adj* concrete; specific; particular
拒绝	jùjué	*v* to refuse; to reject; to decline
插队农村	chāduìnóngcūn	*vo* to go to countryside (during Cultural Revolution)
走马灯	zǒumǎdēng	*vo* to exhibit lanterns with rotating shadow figures; *lit* means to do something in a fast and superficial fashion
择偶	zé'ǒu	*vo* to choose/pick a mate
重点	zhòngdiǎn	*n* focal point; stress; emphasis
邂逅	xièhòu	*v* (文言) to meet by chance
硬件	yìngjiàn	*n* conditions; *lit* hardware
符合	fúhé	*v* to accord/tally with; conform to
理工科	lǐgōngkē	*n* science and engineering
回绝	huíjué	*v* to decline; to refuse
理性	lǐxìng	*adj* rational
培养	péiyǎng	*v* to develop
略	lüè	*adv* slightly
歉疚	qiànjiù	*adj* sorry; apologetic; remorseful
下决心	xiàjuéxīn	*vo* to decide; to make a decision
有缘	yǒuyuán	*vo* to be fated/bound by karma
吸引力	xīyǐnlì	*n* attraction

尽	jìn	*v* to end; to exhaust; to use up
预料	yùliào	*v* to expect; to predict; to anticipate
饭卡	fànkǎ	*n* dining card
伙食	huǒshi	*n* food; meals
本着	běnzhe	*prep* according to; based on
盈利	yínglì	*vo* to make profit/gain
一律	yīlǜ	*adv* equally; without exception
版面	bǎnmiàn	*n* (印刷) layout/makeup of printed page
抄手	chāoshǒu	*n* (口语) dumpling soup; wonton
稿子	gǎozi	*n* (written) draft; manuscript
敬业	jìngyè	*vo* to respect one's job/work
尴尬	gān'gà	*adj* awkward; embarrassed
滔滔不绝	tāotāobùjué	*adp* talk on and on
业务	yèwù	*n* business
搁	gē	*v* to put (down/aside)
发呆	fādāi	*vo* to stare blankly; to be lost in thought
平添	píngtiān	*v* to increase naturally
惆怅	chóuchàng	*adj* disconsolate
顶楼	dǐnglóu	*n* top floor of the building
落地窗	luòdìchuāng	*n* French window; *lit* window that touching the ground
准确	zhǔnquè	*adj* accurate; exact; precise
向往	xiàngwǎng	*v* to look forward to; to yearn for
情调	qíngdiào	*n* sentiment; taste
熟悉	shúxī	*v* to know something/someone well
漫无目的	mànwúmùdì	*adp* aimless

享受	xiǎngshòu	*v* to enjoy
闲适	xiánshì	*adj* leisurely and comfortable
离异	líyì	*v* to divorce
邀请	yāoqǐng	*v* to invite; *n* invitation
发涩	fāsè	*adj* astringent/puckery taste; hard going
功利	gōnglì	*n* utility; material again
情景	qíngjǐng	*n* scene; sight;
闯荡	chuǎngdàng	*v* to make itinerant living; work away from home
阅历	yuèlì	*v* to experience; *n* experience
难堪	nánkān	*adj* embarrassed
怨气	yuànqì	*n* grievance; resentment
混得	hùnde	*v* (口语) to manage one's life
计较	jìjiào	*v* to mind; to care
春风得意	chūnfēngdéyì	*ap* ride crest of success
宽宏大量	kuānhóngdàliàng	*ap* magnanimous
懊悔	àohuǐ	*v* to feel remorse; to repent; to regret
快意	kuàiyì	*n* pleasure
唐突	tángtū	*adj* (文言) brusque; rude
稍稍	shāoshāo	*adv* a little; a bit; slightly
踏实	tāshi	*adj* at ease; solid
勇气	yǒngqì	*n* courage; nerve
一无所知	yīwúsuǒyǒu	*vp* to know nothing about
互换	hùhuàn	*v* to exchange
摞	luò	*m* pile; stack
夸张地	kuāzhāngde	*adv* exaggeratedly

编辑	biānji	*n* editor
岂止	qǐzhǐ	*conj* not only; more than
历来	lìlái	*adv* always
气氛	qìfēn	*n* atmosphere
居多	jūduō	*vp* to be in majority
告诫	gàojiè	*v* to admonish; to exhort
克制	kèzhì	*v* to exercise restraint
果然	guǒrán	*adv* really; as expected; sure enough
颇	pō	*adv* quite; very; considerable
意味	yìwèi	*n* meaning; significance; implication
语气	yǔqì	*n* tone; manner of speaking
妙	miào	*adj* wonderful; fine; excellent
包括	bāokuò	*v* to include; to consist of
自私	zìsī	*adj* selfish; self-centered
美满	měimǎn	*adj* happy; harmonious (of a family)
依恋	yīliàn	*v* to be reluctant to leave
逗留	dòuliú	*v* to stay; to linger
莫名其妙	mòmíngqímiào	*ap* be baffled; without rhyme or reason
准时	zhǔnshí	*adj* punctual
升	shēng	*v* to rise; to ascend
进展	jìnzhǎn	*n* progress
来临	láilín	*v* to arrive; to come; to approach
周密	zhōumì	*adj* careful; thorough
琵琶	pípa	*n* lute-like string instrument with fretted fingerboard
作文班	zuòwénbān	*n* composition class

惟一	wéiyī	*adj* only; sole
厌倦	yànjuàn	*v* to weary of
逛逛	guàngguàng	*v* to stroll
毫无原则	háowúyuánzé	*vo* to completely lack principles
田螺	tiánluó	*n* river snail
螃蟹	pángxiè	*n* crab
不得不	bùdébù	*adv* cannot but; have to
屋檐	wūyán	*n* eaves
征文	zhēngwén	*vo* to solicit articles on a chosen subject
响应者	xiǎngyìngzhě	*n* respondent
出乎…意料	chūhū…yìliào	*vp* to exceed one's expectations
加班	jiābān	*v* to work overtime
冷清	lěngqīng	*adj* cold and cheerless; desolate; deserted
撕扯	sīchě	*v* to tear and pull
递	dì	*v* to hand something over; to pass
竟	jìng	*adv* unexpectedly; actually
局促	júcù	*adj* ill at ease
从容	cóngróng	*adj* calm; unhurried; leisurely
补充	bǔchōng	*v* to add something
总算	zǒngsuàn	*adv* finally; at long last
无所谓	wúsuǒwèi	*vp* be indifferent; not matter
规模	guīmó	*n* scale; scope
自负	zìfù	*adj* to assume responsibility for; confident
平均	píngjūn	*adv* equally; average
上缴	shàngjiǎo	*v* to turn over to higher authority

利税	lìshuì	*n* profit/benefit and tax
效益	xiàoyì	*n* beneficial result; benefit
嫉妒	jìdù	*v* to be jealous of; to envy
亲自	qīnzì	*adv* personally; in person; firsthand
扫帚	sàozhou	*n* broom
灰尘	huīchén	*n* dust; dirt
亲切	qīnqiè	*adj* cordial; genial; warm
打岔	dǎchà	*v* to interrupt; to cut in
警惕	jǐngtì	*v* to be on guard against
挣	zhèng	*v* to earn
局面	júmiàn	*n* aspect; situation
原谅	yuánliàng	*v* to excuse; to pardon
迅速	xùnsù	*adj* rapid; speedy
疲惫	píbèi	*adj* tired-out; exhausted
透支	tòuzhī	*vo* to overdraw
干涉	gānshè	*v* to interfere; to intervene
沮丧	jǔsàng	*adj* depressed; disheartened
剑侠	jiànxiá	*n* knight-errant
武侠迷	wǔxiámí	*n* knight-errant fan
忽略	hūlüè	*v* to neglect; to overlook
放弃	fàngqì	*v* to abandon; to give up
独自	dúzì	*adv* alone; by oneself
渐稀	jiànxī	*vp* 逐渐稀少; to gradually diminish
舒坦	shūtan	*adj* comfortable; at ease
驶远	shǐyuǎn	*v* to drive away

摇	yáo	*v* to roll (car window)
犹豫	yóuyù	*v* to hesitate
招手	zhāoshǒu	*v* to wave (hands)
的士	díshì	*n* (广东方言) taxi
滋味儿	zīwèi'er	*n* taste; flavor
耿耿于怀	gěnggěngyúhuái	*vp* to take something to heart; to brood over
重修前好	chóngxiūqiánhǎo	*vo* to rebuild a past relationship
何况	hékuàng	*conj* much less; all the more
想得通	xiǎngdetōng	*vp* to understand
苦恼	kǔnǎo	*adj* vexed; worried
缠住	chánzhù	*vr* to tie up
至今	zhìjīn	*n* up to now; so far
恨不得	hènbude	*adv* one would if one could; itch to
来龙去脉	láilóngqùmài	*np* origin and development; cause and effect
敏感	mǐn'gǎn	*adj* sensitive; susceptible
款款	kuǎnkuǎn	*adv* leisurely; slowly
俯视	fǔshì	*v* to look down at
位置	wèizhi	*n* seat; place
征询	zhēngxún	*v* to consult
透明	tòumíng	*adj* transparent
蜷缩	quánsuō	*v* to roll/huddle/curl up
端	duān	*v* to hold something level
轻曼	qīngmàn	*adj* light/gentle and graceful
舒展	shūzhǎn	*v* to unfold; to stretch; to smooth out
泡开	pàokāi	*vr* to steep/soak open

手机	shǒujī	*n* cell phone
响	xiǎng	*v* (telephone) to ring
扫兴	sǎoxìng	*adj* disappointed
搅	jiǎo	*v* to disturb; to annoy
提议	tíyì	*v* to propose; to suggest
传呼	chuánhū	*n* pager
皮夹	píjiā	*n* wallet; pocketbook
串	chuàn	*m* string; bunch
渴望	kěwàng	*v* to thirst/long for
假装	jiǎzhuāng	*v* to pretend
顾不上	gùbushàng	*vp* cannot attend to or manage
皱…眉头	zhòu…méitóu	*vo* to frown
挠头	náotóu	*adj* difficult to tackle; *vo* to scratch one's head
茎脉	jīngmài	*n* plant stem/stalk and vein (of leaf etc.)
清晰	qīngxī	*adj* distinct; clear

词语例句

始终 = from beginning to end; all along, throughout

★ 她进车棚锁好车，脑子却始终被刚才那一眼纠缠着。

1. 她跟小李交往半年就分手了。这期间她始终没带他去见过她的父母。

2. 住院的两个多星期里他始终没抽过一支烟。

至少 = at least

★ 如今他混得不错……至少从表面上看如此。

1. 这个学期至少有八十个学生选了这门电脑课。

2. 结婚虽然是你个人的事,但至少你应该告诉你的父母和亲朋好友一声。

即使…也…＝ even; even if; 就是…也…

★ 即使真有事生气了,也克制着。

1. 他从来不听你的话。你即使说了,也是白说。

2. 一口气跑十公里?即使是年轻人也受不了。

不致＝不至于; cannot go so far; be unlikely

★ 为了让女儿不致厌倦,她总是把这半天安排得很幸福。

1. 要是他早一点儿戒烟,也不致会得肺癌。

2. 他的英文虽差,可是也不致连个招呼都不会打。

尽管＝ though; even though

★ 她决定享受一下被别人送回家的滋味,尽管这人是个陌生人。

1. 尽管她很讨厌那个男人,但还是接受了他的邀请。

2. 尽管他最怕逛商店,可还是陪女友去了。

于是＝ thereupon; hence; consequently; 因此

★ 她请男人喝茶,男人立刻同意了。于是两人约好今天下午四点在茶室见面。

1. 张先生刚买了房子,手头有些紧,可是又不能没有车。于是他决定跟弟弟先借点儿钱,买一辆旧车。

2. 我昨天给他打了三个电话都没人接。于是就给他写了一个电子邮件,告诉他我下个星期要出国了。

不管＝ no matter; regardless of; 无论/不论

★ 不管怎么样,田湄还是决定下午早些上去,把个靠窗的位置占上。

1. 要是你有急事,不管多晚,都可以给我家里打电话。

2. 不管是谁都要守法。法律面前,人人平等。

讨论题

根据小说内容回答下列问题：

1. 小说的女主人公田湄是一个什么样的人？与她在办公大楼邂逅相遇的那个男人是谁？
2. 田湄对婚姻的态度是怎样的？她为什么和丈夫离婚？
3. 田湄的心里一直向往着什么？她为什么会有这么一个向往？
4. 从田湄的经历看，离婚的女人常会遇到什么问题？
5. 田湄作为单身母亲，跟女儿的关系怎么样？
6. 女儿对田湄和男人交往、再婚的态度是怎样的？
7. 田湄想不起那个男人叫什么名字了，她跟他喝茶的念头也淡了许多。为什么这个男人的名字对田湄这么重要？她想跟他建立一种什么样的关系？
8. 在小说的结尾，田湄终于跟那个男人去喝茶了，可是结果却十分令她失望。为什么？

请进一步思考和讨论以下问题：

1. 小说通过写田湄与曾约会过的一个男人邂逅相遇，相约喝茶的故事细腻描写了一位中年离婚女性的心理状态。请你用自己的语言来描述她的心理。

2. 田湄并不想急着交男友、再婚，可是她显然渴望得到男性的友谊，渴望着男性给她一种精神上的慰藉。小说的作者似乎暗示读者，这种男女之间的友谊和交流是很难的。在你看来为什么会是这样？作者是否也暗示了一些阻碍这种交流的原因？

3. 从这篇小说我们不难看出，今日的离婚女性所遇到的问题与传统社会中被丈夫离异、抛弃的女性所遇到的问题大不相同了？请分析一下有哪些不同？为什么会有这些不同？

远去的粉蝴蝶
The Pink Butterfly That Flies Away

刘云生 *Liu Yunsheng*

刘云生，1951年生于山西大同。1968年初中毕业以后当过农民、矿工、教师。现在大同矿务局文化工作委员会作编辑。

刘云生从1980年开始文学创作。代表作有短篇小说《熬年》、《爱》、和《兰兰的山桃花》。

《远去的粉蝴蝶》收入《2000中国年度最佳短篇小说》。小说通过一个农村女孩子失学而又自学成材、考上大学的故事描写了一个自强自立的农村女性。同时也反映了目前在中国农村残存的重男轻女的观念，以及最近在农村出现的贫困子弟、特别是女孩子失学的现象。

Liu Yunsheng was born in Datong, Shanxi, in 1951. After graduating from junior high in 1968, he worked as a farmer, miner, and teacher. He is now an editor for the Cultural Committee of the Datong Mining Bureau.

Liu has been writing fiction since 1980. Representative works include his short stories "Enduring Years," "Love," and "Blue, Blue Mountain Peach Flower."

"The Pink Butterfly That Flies Away" is included in *The Best Stories of 2000*. It tells the tale of a country girl who is deprived of formal education but teaches herself and eventually passes the university entry examination. The story portrays a strong female character who makes unremitting efforts to improve and support herself. It also highlights the male chauvinism that stubbornly persists in the Chinese countryside and exposes the educational deprivation of poor children, especially girls, in contemporary China.

◆

太阳刚刚升起，蝶儿就赶着两头奶牛，到小城的边缘去卖牛奶。

爹在临终前把兄妹两人叫到炕沿，爹说："我不行了。趁我还活着，你俩就把家分了吧。兄弟生来是两家人，现在不分，将来也得分。"

蝶儿和哥哥都说："嗯。"

爹就给兄妹俩分家业。

一共二十一头奶牛，哥十八头，妹两头，爹留一头作为下世后发丧的费用。房五间，哥四间。妹一间。牛棚三大间，全归哥所有。妹的牛可寄养在那儿。箱柜瓮缸锅碗瓢盆若干，蝶儿只分得一箱一瓮一盆一锅两碗。

这种分法显然不公平。但是，不公平也有不公平的道理……女儿自古属外人，娘家只管养（养大），不管栽（栽培）；女儿终究要嫁人，嫁出去的女，泼出去的水。出去就不是自家人。

爹还特意嘱咐："我死后，跟心儿继续念书；蝶儿就不用再念了，在家学些针线家务活儿，免得以后嫁了人，给人家管不了家。"

蝶儿和哥哥都说："嗯。"

爹死了。

蝶儿就退了学不再上学了，自食其力去卖牛奶。

卖牛奶只能到村子附近的小城里去卖。一般人卖牛奶，都是用凉开水把挤下的奶稀释了，然后驮到小城里

本文对原作做了一些删节。

去卖。蝶儿没有车也没有力气去驮牛奶，她就赶着两头奶牛到小城的边缘去现挤现卖。

那里的人们十分欢迎蝶儿的这种卖法。他们就象一伙贪食的孩子，围在蝶儿的周围，眼睁睁地瞅着蝶儿把奶牛的奶头洗干净；眼睁睁地瞅着蝶儿挤奶挤得满脸绯红，鼻尖上渗出细密的汗珠；眼睁睁地瞅着蝶儿把挤下的奶过滤到另一只奶桶里；然后再眼睁睁地瞅着蝶儿把热热的，白白的，泛着泡沫儿的鲜牛奶分卖给他们每一个人。而蝶儿倒像是一个大人，她成熟、老练地做着她应该做的一切。有时候，大人们为了争购牛奶而发生争吵，蝶儿便面带笑容加以劝阻。那做派，那架式，真像一个慈祥的母亲劝慰着争食的孩子，也像一个宽容的老师劝导着顽皮的学生。

其实，真正的小蝶儿还是一个十五岁的女孩子。

每当她卖完牛奶，对没有买到牛奶的人抱以歉意的微笑的时候，人们便看到一颗白白亮亮的小虎牙，人们才感觉到，她还是一个孩子；每当她卖完牛奶后，赶着两头奶牛离开小城的边缘，朝着野草漫漫的大河滩走去的时候，人们望着她小辫上粉红色的蝴蝶结在野草间上下翻飞的时候，人们才感觉到，她还是一个孩子。

她回到家里后，先吃早饭，然后收拾家。她不但收拾自己的家，还收拾哥哥的家。哥哥在小城里的中学当住校生，除了星期日，平时不回家。蝶儿就替哥哥把家打扫了，等他星期日回来住。

收拾完家，蝶儿就赶着牛到河滩里去放。她放牛只放自己的那两头。哥哥的十八头全租给了别人去放。别人放牛，别人挤奶，别人只给哥哥一些租钱。哥哥就靠那些租钱在小城的中学里上高中。

在河滩边缘的河岸上，蝶儿靠着一棵柳树坐下来。牛在河滩里吃草，她靠着柳树读书。每次出来放牛，她都把书带出来。带自己曾经念过的书，也带哥哥曾经念过的书。她常常读书读得很入神，也常常做习题做得很入神。然而，不管她多痴迷，多入神，只要牛往岸上的庄稼地靠近一步，她便适时地抬起头来朝着牛喊："回来！"牛便放弃了庄稼对它的诱惑，听话地返回来，重新去啃河滩里粗涩的野草。蝶儿虽然不去学校上学了，可蝶儿还在大野地里读书，蝶儿虽然遵照亡父的遗嘱远离了学校，可蝶儿依然眷恋着书本里那个神奇、博大、美妙、厚实的天地。她常常望着碧野蓝天，想书中的世界，想自己的将来。

而哥哥在学校里却吊儿郎当，荒废学业。

她常常劝哥哥："要珍惜时光。"

哥哥说："屁时光。"

她常常劝哥哥："要珍惜生命。"

哥哥说："屁生命。"

她常常到学校为哥哥去开家长会。

进校门的时候，看门的老头儿要看她的胸卡，她不是这儿的学生，当然没有那种证明学生身份的胸卡。

她说："我没有胸卡。"

老头儿说："当学生的怎能没胸卡？"

她说："我不是学生。"

老头儿说："不是学生，就别往学校里乱闯。"

她说："我是来开家长会的。"

老头儿说："你给谁开家长会？"

她说："我给我哥哥开家长会。"

老头儿说："给你哥哥开家长会叫你爹妈来。"

她说："我爹妈早下世了。"

老头儿就不再言语了。他拿起电话给她哥哥的班主任打电话。班主任说："她就是她哥哥的家长，就叫她进来吧。"老头儿怀着满腹的疑虑和由衷的赞叹放蝶儿进入学校里。

就这样，蝶儿作为哥哥的家长，曾经到学校开过许多次家长会。然而，哥哥后来还是被学校开除了。

星期一早晨，蝶儿卖完牛奶回来后，见哥哥在家里呆着。中午，蝶儿放罢牛回来后，见哥哥依然呆在家里边。蝶儿就问哥哥："你怎么不去学校上学去？"

哥哥说："我病了。"

蝶儿说："你病了，就到诊所看看去。"

哥哥说："用不着。"

蝶儿说："要不，我领你去看一看。"

哥哥说："用不着。"

蝶儿上前一步要摸哥哥的额头。

哥哥推开她的手臂不让她摸。

蝶儿说："肚疼？"

哥哥说："不疼。"

蝶儿说："头疼？"

哥哥说："不疼。"

蝶儿说："那，你哪儿不舒服？"

哥哥不耐烦地说："去去去，我心里烦死了！"

蝶儿就知道哥哥在学校里一定出了什么事。蝶儿就去找老师。

蝶儿来学校门口，看门老头儿笑嘻嘻地给她打开校门。老头儿说："又给你哥哥来开家长会？"蝶儿说："不呢。"老头儿说："你真为你哥哥操了不少心。"她只好朝老头儿苦苦地笑一笑。

她找到哥哥的老师后，老师这样对她说："你哥哥的事，我也做不了主，你去找找校长吧。"

蝶儿就去找校长。

在她的心目中，校长始终是一位高贵而又神圣的人物。她还是在学校里上学的时候，每当她遇到校长时，总显得有些慌乱和不知所措。校长远远地走来了，她总是慌慌地躲了去。一旦躲不开，她便诚惶诚恐地站在一边，等校长走过去，然后才如释重负地瞅瞅校长那尊贵的背影。如今，她却要面对面地去见那位校长了，心里便不由地紧张起来。然而，她又不能不去。她来到校长室门前，瞅着门玻璃上的红字，却没有勇气把门推开。她在楼道里不安地转悠着。她想起了父亲、哥哥，想起了记忆模糊的母亲的身影，她才终于抬起手来轻轻地敲敲门。

门里问："谁？"

她说："我。"

门里说："进来。"

她就进去了。

校长说："什么事？"

她刚说："我……"电话铃就响了。校长接电话，高门大嗓，热情洋溢。她不知道电话里的那个人究竟是谁。

校长接完电话又问她："什么事？"

她刚说："我……"突然进来一伙人。校长走上前去握手、寒暄。她被挤到一个小小的角落里。校长给那些人递烟、倒茶。倒茶的时候才又发现了她。校长说："什么事？你还不走？"

她刚说："我……"

校长就打断她的话："你去找你的老师吧，你看我这么忙！"

她说："我没有老师了。"

校长说："你们老师今天没有来？"

她说："我不上学了。"

校长说："不上学了？你家长同意么？"

她刚说："我……"

校长打断她的话："去吧去吧，快点儿上课去吧。小孩子哪能不上学呢？"她就被校长推出来了。校长又说："我很忙，确实很忙，有什么事，就去找你们老师吧。"

她哪里还有什么老师呢？她想着，沮丧地出来了。

然而，哥哥的事却不能不办。

她又去找过一次校长。校长又很忙，还是没有时间听她把话讲完。她想，只好到家里去找了。她听别人说过，到家里去找人，是要带一点礼物的。可是，自己给校长带一点什么礼物呢？牛奶是有的，可是，稀拉吧唧的牛奶带多少才算是一份礼物呢？她想到了熬炼乳。

更深夜静的时候，她守在灶前熬炼乳。她一手往灶里续柴，一手用木棒儿不停地搅着锅里的奶。熬炼乳，就需要这么不停地搅，稍稍懈怠一会儿，锅底的奶就会给熬糊了。这炼乳是准备当做礼物送给校长的，这炼乳是决不容许熬出些许的焦糊味儿的。因此，她就一丝不苟地不停地搅。时光静静地流，蝶儿静静地搅，搅去了西天满天星，搅来了东方鱼肚白。炼乳终于熬好了，白白的，如玉如珏。她把炼乳装进了用开水煮过的罐头瓶里，然后，挑起水桶，到井口挑一担隔夜的井拔凉水，把罐头瓶浸在水里"冰镇"着。

红日从东方喷薄欲出的时候，她洗了脸，梳了头，扎好了蝴蝶结，然后，神采奕奕地赶着两头奶牛到小城的边缘去卖牛奶。那里的人们早在那儿等她了。

有人问："你昨天为什么没有来？"

蝶儿说："我家里有事呢。"

有人问："你昨天把牛奶卖给谁了？"

蝶儿说："我全熬了炼乳了。"

有人问："你熬的炼乳卖不卖？"

蝶儿说："我准备当做礼物送给别人呢。"

没有买到奶的人只好到另一个卖奶人那儿去买奶。那个人骑着一辆崭新的红彤彤的摩托车，后边带着两只铁皮桶，牛奶搀了水稀稀的，价钱高，态度又生硬。

蝶儿就感到自己心里很愧疚。

晚上，她提着炼乳去找校长。这是她平生第一次带着礼物去求别人，而且是去求校长！

校长说："你好像找过我。"

蝶儿说："就是找过您。"

校长说："有什么事，你说吧。"

蝶儿就把哥哥的事说给校长听。

校长才恍然大悟。校长说："你哥哥根本就不是一个念书的料。"

蝶儿说："我爹希望他念书成人呢。"

校长说："他不但自己不念书，还尽在学校里调皮捣蛋呢。"

蝶儿还是说："我爹希望他念书成人呢。"

校长说："你爹你爹的！咋不叫你爹来？"

蝶儿说："我爹下世了。"

校长说："爹不在，叫妈来。"

蝶儿说："我妈也下世了。"说着，蝶儿就哭了。

校长不再言语了。

蝶儿说："您就原谅哥哥这回吧。"

校长叹口气，答应了。

蝶儿就从袋里掏出炼乳来。

校长说："干什么？干什么？"

蝶儿说："给您熬了点儿炼乳补补身子。"

校长说："我不要我不要。"

蝶儿说："您不要，我心里不踏实。"

校长说："唉，唉，这孩子，我该送给你点儿什么呢？"校长就在屋子里找。他戴着一副高度近视的眼镜儿，佝偻着腰在屋子里找过来找过去。屋子里到处都是书。高高的书架占了整整一面墙，茶几上、沙发上、写字台上，还有水泥地的角落里，到处都是书，校长说："你看我，你看我，除了书，什么也没有。你如果喜欢书，我挑几本送给你。"说着，从书架上抽出几本来。稍稍停顿一下，又抽出几本来，硬给蝶儿塞进袋子里。

蝶儿又意外又激动，红着脸说："不要不要。"却抱着装满书的袋子从校长屋里出来了。

那是父亲去世后蝶儿最高兴的一个傍晚。

回家后，蝶儿把校长答应哥哥复学的事告诉给哥哥听。哥哥却不想再到学校里上学去了。蝶儿劝他，他不听。蝶儿再劝，他依然不听。蝶儿只好给哥哥跪下了。蝶儿说："哥哥，你就去上学去吧，爹希望你念书成人呢。"哥哥才把蝶儿扶起来。哥哥说："我天生就不是一个念书的料。我一坐进课堂里就憋得慌。我管不了我自个儿，我了解我自个儿。"蝶儿知道哥哥说的是真心话。蝶儿知道哥哥有时候混，有时候也很坦诚。蝶儿知道哥哥学业上的不可造就。蝶儿知道爹的愿望将化为泡影。蝶儿知道自己为哥哥的一番周折全然白费。蝶儿就哭了。

第二天早晨，蝶儿没有赶着牛去卖牛奶。她早早地来到学校门前等校长。学生们迈着急促的步子从她的身边走过去。她望着校长将要走来的那条路静静地等着。校长来了，她又哭了。校长说："你哥哥来了吗？"

蝶儿说："我哥哥不想再来上学了。"校长叹口气说："不想来就别来了，驴不喝水按不倒头。"

蝶儿说："我来告诉您一声。我走了。"说着，她就要离开。

校长说："你别走，我想问问你，你自己想不想上学呢？"

蝶儿说："想。"

校长说："你若想上学，你就来上学吧。我可以免掉你的书本费、学杂费。"

蝶儿说："好是好，可是，我还得放牛呢，我还得卖牛奶呢。"

校长又叹了口气，说："要不，这么办吧，你边放牛，边自学，成不成？"

蝶儿说："我一直是在边放牛边自学着呢。"

校长又惊又喜，说："那太好了，我来做你的辅导老师。不过，我很忙，一个星期只能给你半天时间。"

蝶儿说："我知道您很忙。"

蝶儿就和校长分手了。

以后的日子里，蝶儿就专心放自己的牛，卖自己的牛奶，读自己的书。哥哥的事，她不再管那么多了；就是管，哥哥也不会听她的话；就是听，哥哥也只是口头上<u>应应</u>而已。哥哥有自己的事要去做，哥哥有自己的路要去走，兄妹生来两家人，爹临死前说的话<u>不无道理</u>。

每天早晨卖完牛奶后，蝶儿就请买牛奶的人替她看一会儿牛，自己拿着作业来到学校去交作业。作业是交给看校门的老头儿的。老头儿再把校长<u>批改</u>后的作业本拿给她。

每个星期日的下午，蝶儿到校长家里去上课。上课只<u>拣</u>她不会的地方讲。蝶儿走的是<u>自学成才</u>的路。自学中，多数的地方<u>弄通</u>了，少数的地方弄不通，弄不通的地方就由校长来帮她弄通了。校长佝偻着腰，戴着一副高度近视眼镜儿，给她讲数学，讲物理，讲化学，讲语文，讲英语，<u>讲政治</u>，还讲历史、<u>地理</u>、生物和<u>体育</u>。在此期间，蝶儿又给校长熬过一回炼乳。校长又送给她几本书，校长说："以后再不能给我熬炼乳了。我家的书虽然多，你熬一回炼乳，我送你几本书，慢慢的，我会把我的书送光的。"蝶儿说："我不要您的书还不行吗？"校长说："<u>白吃你的东西</u>，我睡不着觉。"蝶儿说："可您给我上课呢。"校长说："这是我愿意做的事，我看你是块料，想叫你念书成人呢。"蝶儿就不再言语了。校长不叫蝶儿给他熬炼乳，校长却送给蝶儿一部<u>随身机</u>，叫她听英语，练发音。

过了一年又一年，春夏秋冬的<u>色彩变幻</u>着，蝶儿的<u>年龄</u>和<u>学识</u>也在<u>增长</u>着。很快，就到了<u>高考</u>那一年。

头一回<u>参加</u>高考，蝶儿没有考中。是英语和作文拉了<u>分儿</u>。

第二回高考，她被某大学录取了。高考时发生了一件有趣儿的事。这事竟然同她的考分有着内在的联系。

那天下午，她本想抓紧时间复习一下第二天考试的内容，刚刚翻开书，突然听到奶牛的叫声。她像想起什么事情似的直奔院子的角落里。一头奶牛卧在一棵大树下面，扬起头来挣扎着。它挣扎了一会儿，叫一声，然后就疲惫地把头躺在土地上。过了一会儿，再挣扎，再叫，终于生下一头小牛来。大牛站起来，拖着尾后还没有脱离的血淋淋的胎衣，忙着舔干小牛身上的湿润，不一会儿，小牛便睁开眼睛颤颤巍巍地站起来。蝶儿心里喜不自胜。她忘记了自己复习功课的重要性，忙着去提水饮牛。她提来一桶水，大牛喝光了。又提来一桶水，大牛也喝光了。蝶儿知道，刚生完小牛的牛，第一个感觉就是渴。她必须满足它。在大牛喝水的当儿，她去抚摸那只小生命，刚生下来的小牛是一只小母牛。养奶牛的人最喜欢大牛生母牛，因为母牛能下奶，能产仔，是养牛户的摇钱树。而此时此刻的小蝶儿，并没有被摇钱树之类冲昏了头。她为新生命的诞生，为老牛舐犊的情谊，为那黑白相间、美不胜收的小牛身上的毛色以及小牛那双纯净黑亮的眼睛所感动。啊，多美呀！多美呀！

第二天上午考语文，小牛出生的故事正好可以用到作文中去。蝶儿联系自身，情真意切，描写细腻，感人至深。蝶儿的作文差一分得了满分。可以这么说，那篇作文在她的高考成绩中起了至关重要的作用。

蝶儿被某大学录取了。

她来到爹妈的坟墓前，把录取通知书端端正正地放在爹妈的坟头上。对于妈，她没有多少话可讲。妈死的时候她还很小，她对妈的印象不很深。她只知道妈妈没有文化，大字不识一个，对于爹，她倒是有好多话想对爹讲的，可她什么也没说。爹虽然识几个字，可爹是一个凭体力劳动，靠土里刨食过日子的人。他的血液里流着过多的滞重的因子，他的头脑里装着过多的苦难的印象。他对生活的要求只是不饿肚子就不错了。他也求发展，只是在男孩子身上寄托希望。对于女儿上大学的事情，他连想都不敢想。蝶儿给爹点了一支烟，放在爹的坟头上。蝶儿还给爹倒了一杯酒，她把酒泼洒在爹的坟头上，空气里顿时弥漫着一股酒的醇香……像是爹对女儿抱以满意的微笑，像爹给女儿一份由衷的祝福。蝶儿只对爹妈说了一句话："爹，妈，只可惜你们死得太早了，如果不是这样，蝶儿一定要让爹妈过几天舒心敞亮的日子。"

蝶儿熬了炼乳去了一趟校长家。这是一套三室一厅的普通的单元楼房。蝶儿来过多少次了？蝶儿记不清楚了。不管她来过多少次，她还从来没有细细地看过这房子。每次来的时候，她总是想着有多少问题要问校长。每次来了以后，她总是认真聆听校长给她的讲解。每次要走的时候，校长老婆总是把头探进书房来好几次想说什么却终究什么也没有说。校长才说："今天时间不早了，我看就到这儿吧。"蝶儿就告辞离开。今天来到校长家，她才有闲心细细地瞅那家里的陈设。校长要留蝶儿吃午饭。校长老婆在厨房里炒了一个菜又炒了一个菜……菜摆了满满一大桌。校长给蝶儿倒了一杯橙子汁，他自己倒满一杯白酒说："来，祝贺你成为大学生。"蝶儿说："全靠您帮了我。"校长打岔地说："不说这些不说这些。"校长又说："我上学的时候，连个书包也没有，洋灰纸包了书夹在腋下去上学。一直到上高中的时候，姑姑当上裁缝了，才用碎布头拼了个书包给我用。"校长接着说："在'文化大革命'中，我刚刚当教员，因为认真搞教学，挨了几回斗。"校长平时本来不喝酒，今天他却喝。校长平时本来不抽烟，今天他却抽。他佝偻着腰，咳嗽得很厉害。

要去外地上学的那天早上，蝶儿来到哥哥的房间里想同哥哥告别。哥哥喝醉了酒还没有醒过来。哥哥把爹留给他的十八头奶牛卖完了，输光了，抵押给别人了。哥哥想做生意没做成便整天靠喝闷酒打发日子。哥哥平时很惹蝶儿生气，今天要分别了，她却发自内心地疼哥哥。她不愿把哥哥叫醒了，她给哥哥留了一张纸条子。纸条上写：哥哥，我走了。你自己要照顾好你自己。大小四头牛全留给你，不要再卖了，不要再赌了，不要再一口想吃成一个胖子去做生意了。脚踏实地地养养牛、卖卖奶也能过好日子的。至于我这边，几年来攒的钱也够我上大学了。如果有不足，我还可以在上学的同时打打工。你不要牵挂我的事，你把你的事做好就行了。放假的时候，我回家来帮你做事情。保重。保重。你的妹妹小蝶儿。

　　蝶儿走了。哥哥哭了。哥哥其实没睡着。一娘养九种，九种不一般。哥哥其实也想当个大学生；哥哥还想发大财，当大款；哥哥还想出人头地，做许多许多大事情。可是，哥哥没能力做好每一件事。

　　蝶儿来到小城的车站上。这是她第一次坐火车。就要上车了，校长追来了。他喘着气，递给蝶儿一本书，说："无论到了哪儿，先要做好人，才能做好事。"蝶儿点点头说，她知道。她拿着那本书上车了。列车开动了，校长佝偻着腰朝她摆摆手，她也趴在车窗上朝校长挥手。列车向远方驶去，绿绿的车厢，粉色的蝴蝶结，仍像她赶着奶牛行进在绿绿的大河滩。哦，粉蝴蝶，粉蝴蝶。

词汇

蝴蝶	húdié	*n* butterfly
边缘	biānyuán	*n* borderline; edge
爹	diē	*n* (口语) father; dad
临终	línzhōng	*adv* approaching death; on one's deathbed
炕沿	kàngyán	*n* (口语) edge of brick bed
趁	chèn	*conj* avail oneself of; take advantage of
发丧	fāsāng	*vo* to make funeral arrangement
牛棚	niúpéng	*n* cowshed
瓮	wèng	*n* a jar for storing water or for pickling vegetables
缸	gāng	*n* jar; crock
瓢	piáo	*n* ladle made of a gourd

若干	ruògān	*adj* a certain number/amount; several
栽培	zāipéi	*v* to train/educate
终究	zhōngjiū	*adv* eventually; in the end
特意	tèyì	*adv* purposely; specially
嘱咐	zhǔfu	*v* to tell; to exhort
免得	miǎnde	*conj* so as not to; so as to avoid
自食其力	zìshíqílì	*vp* to earn one's own living
凉开水	liángkāishuǐ	*n* boiled water that has cooled
挤	jǐ	*v* to milk (of animals); *lit* to squeeze
稀释	xīshì	*v* to dilute
驮	tuó	*v* to carry on back
现	xiàn	*adv* just at the time
伙	huǒ	*m* group; crowd
贪食	tānshí	*vo* to be gluttonous
周围	zhōuwéi	*n* surrounding; vicinity
眼睁睁	yǎnzhēngzhēng	*adv* with wide-open eyes
瞅	chǒu	*v* (口语) to look at
绯红	fēihóng	*adj* crimson; scarlet
渗	shèn	*v* to ooze; to seep
细密	xìmì	*adj* fine and closely woven; meticulous
汗珠	hànzhū	*n* beads of sweat
过滤	guòlǜ	*v* to filter
桶	tǒng	*n* barrel; pail
泛	fàn	*v* to float; to be suffused with
泡沫儿	pàomò'er	*n* foam; froth

成熟	chéngshú	*adj* mature
老练	lǎoliàn	*adj* seasoned; experienced
争购	zhēnggòu	*v* to rush to purchase
劝阻	quànzǔ	*v* to dissuade someone from
做派	zuòpài	*n* conduct; action
架式	jiàshi	*n* (口语) demeanor; behavior; manner
慈祥	cíxiáng	*adj* kind
劝慰	quànwèi	*v* to console; to soothe
争食	zhēngshí	*vo* to scramble for food
宽容	kuānróng	*adj* tolerant; lenient
劝导	quàndǎo	*v* to admonish; to advise; to induce
顽皮	wánpí	*adj* naughty
抱以歉意	bàoyǐqiànyì	*vo* to show apology/regret
微笑	wēixiào	*v* to smile
虎牙	hǔyá	*n* (口语) canine tooth
野草	yěcǎo	*n* weeds
漫漫	mànmàn	*adj* very long; boundless
河滩	hétān	*n* flood land (along a river)
小辫	xiǎobiàn	*n* short plait/braid
蝴蝶结	húdiéjié	*n* butterfly bow
翻飞	fānfēi	*v* to fly up and down
河岸	hé'an	*n* riverbank
柳树	liǔshù	*n* willow tree
曾经	céngjīng	*adv* once; ever
入神	rùshén	*vo* to be entranced

习题	xítí	*n* exercises (in schoolwork)
痴迷	chīmí	*adj* infatuated; obsessed
庄稼地	zhuāngjiādì	*n* (口语) cropland; fields
适时	shìshí	*adv* at the right moment; timely
抬	tái	*v* to raise
放弃	fàngqì	*v* to abandon; to give up
诱惑	yòuhuò	*v* to tempt; to seduce; to lure
啃	kěn	*v* to gnaw; to nibble
粗涩	cūsè	*adj* rough and puckery
遵照	zūnzhào	*v* to obey
亡父	wángfù	*n* deceased father
遗嘱	yízhǔ	*n* testament; will
依然	yīrán	*adv* still; as before
眷恋	juànliàn	*v* (文言) to be sentimentally attached to (person/place)
神奇	shénqí	*adj* magical; miraculous
博大	bódà	*adj* broad; extensive
美妙	měimiào	*adj* beautiful; splendid; wonderful
厚实	hòushi	*adj* (口语) substantial
天地	tiāndì	*n* heaven and earth; universe
碧野蓝天	bìyělántiān	*np* green wilderness and blue sky
吊儿郎当	diào'erlángdāng	*ap* (口语) fooling around; be careless and casual
荒废学业	huāngfèixuéyè	*vo* to neglect one's studies
珍惜时光	zhēnxīshíguāng	*vo* to treasure a moment
屁	pì	*n* fart

生命	shēngmìng	*n* life
胸卡	xiōngkǎ	*n* badge
乱闯	luànchuǎng	*v* to rush in madly
家长会	jiāzhǎnghuì	*n* meeting of schoolchildren's parents
言语	yányu	*v* (口语) to speak; to talk
满腹	mǎnfù	*adj* have one's mind filled with
疑虑	yílù	*n* misgivings; doubts
由衷	yóuzhōng	*adj* heartfelt
赞叹	zàntàn	*v* to cry out in admiration
然而	rán'ér	*conj* even so; but
开除	kāichú	*v* to expel; to discharge
呆着	dāizhe	*v* to stay
…罢	bà	*vr* to finish doing something, e.g.吃罢；洗罢
诊所	zhěnsuǒ	*n* clinic
领	lǐng	*v* to go with someone; *lit* to lead/usher
摸	mō	*v* to feel; to touch
额头	étóu	*n* forehead
推开	tuīkāi	*vr* to push away; to push (door etc.) open
手臂	shǒubì	*n* arm
不耐烦	bùnàifán	*adj* not patient
烦	fán	*adj* annoyed; irritated
笑嘻嘻	xiàoxīxī	*adj* grinning
操…心	cāo…xīn	*vo* to worry/trouble about; wrack one's brain
做（不了）主	zuò(bùliǎo)zhǔ	*vo* to make (cannot make) a decision
心目	xīnmù	*n* frame of mind; memory

始终	shǐzhōng	*adv* from beginning to end
高贵	gāoguì	*adj* noble; highly privileged
神圣	shénshèng	*adj* sacred; holy
慌乱	huāngluàn	*adj* alarmed and bewildered
不知所措	bùzhīsuǒcuò	*id* be at a loss
慌慌	huānghuāng	*adv* nervously; fearfully
躲	duǒ	*v* to hide (oneself); to avoid
一旦	yīdàn	*conj* once; some time or other
诚惶诚恐	chénghuáng chéngkǒng	*id* terrified
如释重负地	rúshìzhòngfùde	*adp* feel relieved
背影	bèiyǐng	*n* view of someone's back
便	biàn	*adv* and then
不由地	bùyóude	*adp* can't help
玻璃	bōli	*n* glass
勇气	yǒngqì	*n* courage; nerve
转悠	zhuànyou	*v* to turn; to move from side to side
模糊	móhu	*adj* blurred; dim; vague
敲门	qiāomén	*vo* to knock on/at a door
高门大嗓	gāoméndàsǎng	*vp* speak loudly
热情洋溢	rèqíngyángyì	*ap* brimming with enthusiasm
握手	wòshǒu	*vo* to shake hands
寒喧	hánxuān	*v* to exchange greetings
递	dì	*v* to forward; to hand something over
打断	dǎduàn	*v* to interrupt; to cut short
沮丧	jǔsàng	*adj* depressed; disheartened

稀拉吧唧	xīlabājī	*adj* (口语) watery; thin
熬	áo	*v* to cook in water; to boil
炼乳	liànrǔ	*n* condensed milk
更深夜静	gēngshēnyèjìng	*ap* quiet in the deep of the night
灶	zào	*n* kitchen stove
续柴	xùchái	*vo* to continuously add firewood
木棒儿	mùbàng'er	*n* wooden stick
搅	jiǎo	*v* to stir; to mix
稍稍	shāoshāo	*adv* slightly
懈怠	xièdài	*v* to be slack/sluggish
糊	hú	*adj* overcooked; burned
决不	juébù	*adv* definitely not
焦糊	jiāohú	*adj* burned; scorched
一丝不苟	yīsībùgǒu	*adp* conscientiously and meticulously
鱼肚白	yúdùbái	*n* gray dawn
如玉如珏	rúyùrújué	*ap* like jade (珏: two pieces of jade put together)
煮	zhǔ	*v* to boil; to cook
罐头瓶	guàntoupíng	*n* bottle (for canned goods)
挑	tiāo	*v* to carry something/loads on both ends of a shoulder pole
水桶	shuǐtǒng	*n* pail; bucket
井口	jǐngkǒu	*n* the mouth of a well
一担	yīdàn	*m* one load (carrying pole)
隔夜（水）	géyè(shuǐ)	*n* yesterday's (water)
拔	bá	*v* (口语) to cool in water

浸	jìn	*v* to soak; to immerse
冰镇	bīngzhèn	*adj* iced (drinks etc.)
喷薄欲出	pēnbóyùchū	*ap* bursting forth (of the sun); about to rise
梳…头	shū…tóu	*vo* to comb one's hair
扎	zhā	*v* to tie/bind
神采奕奕	shéncǎiyìyì	*adp* glowing with health
崭新	zhǎnxīn	*adj* brand-new; completely new
红彤彤	hóngtōngtōng	*adj* bright red; glowing
摩托车	mótuōchē	*n* (外来语) motorcycle
铁皮桶	tiěpítǒng	*n* pail/barrel made of sheet iron
搀…水	chān…shuǐ	*vo* to mix with water
生硬	shēngyìng	*adj* harsh; rude
愧疚	kuìjiù	*adj* ashamed and guilty
平生	píngshēng	*n* all one's life
恍然大悟	huǎngrándàwù	*vp* suddenly realize
根本	gēnběn	*adv* at all; simply
念书成人	niànshūchéngrén	*vp* to become a useful person through study/education
尽	jìn	*adv* (方言) keep on doing something
调皮捣蛋	tiǎopídǎodàn	*vp* to act up
咋	ză	*adv* (方言) why; how
原谅	yuánliàng	*v* to excuse; to pardon
叹口气	tànkǒuqì	*vo* to heave a sigh
袋	dài	*n* bag
掏	tāo	*v* to take out with hand
补补身子	bǔbǔshēnzi	*vo* to nourish the body

踏实	tāshi	*adj* at ease; solid
高度近视	gāodùjìnshi	*ap* extreme near-sighted
佝偻	gōulóu	*v* (口语) to stoop; to bend
腰	yāo	*n* waist
抽	chōu	*v* to take out (from in between)
停顿	tíngdùn	*v* to pause; to halt
硬	yìng	*adv* doggedly; determinedly
塞	sāi	*v* to fill/stuff in
意外	yìwài	*adj* unexpected; unforeseen
激动	jīdòng	*adj* stirred; excited
傍晚	bàngwǎn	*adv* toward evening; at dusk
复学	fùxué	*vo* to resume school
跪	guì	*v* to kneel (on both knees)
扶	fú	*v* to support with hand
天生	tiānshēng	*adj* born; inborn; natural
料	liào	*n* material
憋得慌	biēdehuang	*ap* (口语) be utterly exasperated; be hard pressed to contain oneself
自个儿	zìgě'er	*pron* (方言) oneself; by oneself
混	hún	*adj* muddle-headed; foolish
坦诚	tǎnchéng	*adj* frank and honest
不可造就	bùkězàojiù	*vp* cannot achieve
化为泡影	huàwéipàoyǐng	*vp* to disappear completely
一番	yīfān	*m* time; turn
周折	zhōuzhé	*n* twists and turns
全然	quánrán	*adv* (文言) completely; entirely

白费	báifèi	*v* to waste
迈着	màizhe	*v* to step; to stride
急促	jícù	*adj* hasty; hurry-up
驴	lú	*n* donkey
按	àn	*v* to press; to push down
若	ruò	*conj* if; as if
免掉	miǎndiào	*vr* to avoid; to prevent
学杂费	xuézáfèi	*n* tuition and miscellaneous fees
惊	jīng	*adj* be shocked/amazed
辅导	fǔdǎo	*v* to tutor; to coach
专心	zhuānxīn	*adj* be absorbed in
应应	yìngyìng	*v* to reply
而已	éryǐ	*part* imparting finality; that's all
不无道理	bùwúdàolǐ	*vp* not without reason
批改	pīgǎi	*v* to correct
拣	jiǎn	*v* to select; to pick out
自学成才	zìxuéchéngcái	*vp* to study on one's own and become a useful person
弄通	nòngtōng	*vr* to get a good grasp of
政治	zhèngzhì	*n* politics
地理	dìlǐ	*n* geography
体育	tǐyù	*n* physical education
白	bái	*adv* for nothing; fruitlessly
随身机	suíshēnjī	*n* portable tape player
色彩	sècǎi	*n* color; hue
变幻	biànhuàn	*v* to change randomly

年龄	niánlíng	*n* age
学识	xuéshí	*n* knowledge
增长	zēngzhǎng	*v* to increase; to grow
高考	gāokǎo	*n* college/university entrance examination
参加	cānjiā	*v* to attend; to join
拉	lā	*v* to drag out; to pull; to draw
分儿	fēn'er	*m* examination grade
某	mǒu	*pron* certain; some
录取	lùqǔ	*v* to enroll; to admit
竟然	jìngrán	*adv* unexpectedly; to one's surprise
内在	nèizài	*adj* inherent; intrinsic
抓紧	zhuājǐn	*vr* to firmly grasp; to pay close attention to; to lose no time in doing something
内容	nèiróng	*n* content; substance
直奔	zhíbèn	*v* to go straight toward
角落	jiǎoluò	*n* corner
卧	wò	*v* to lie down
扬起	yángqǐ	*vr* to elevate; to raise
挣扎	zhēngzhá	*v* to struggle
疲惫	píbèi	*adj* tired-out; exhausted
拖	tuō	*v* to pull; to drag
尾	wěi	*n* tail; end
脱离	tuōlí	*v* to separate oneself from
血淋淋	xiělínlín	*adj* (口语) dripping with blood; bloody
胎衣	tāiyī	*n* afterbirth; placenta
舔干	tiǎngān	*vr* to lick dry

湿润	shīrùn	*n* moist
颤颤巍巍	chànchànwēiwēi	*adp* to tremble; to quiver
喜不自胜	xǐbùzìshèng	*vp* to delight beyond measure
提	tí	*v* to take (in hand, with arm down); to carry
饮	yìn	*v* to give water to animals; to drink
满足	mǎnzú	*v* to satisfy; to make content
当儿	dàng'er	*n* time; 时候
抚摸	fǔmō	*v* to touch and stroke gently
产仔	chǎnzǎi	*vo* (口语) to give birth to; to produce
摇钱树	yáoqiánshù	*n* ready source of money
冲昏了头	chōnghūnletóu	*vp* to turn someone's head; to dizzy with success
诞生	dànshēng	*v* to be born; to come into being
舐犊	shìdú	*vo* (文言) to lick calf with tongue
情谊	qíngyì	*n* friendly feelings; affection
黑白相间	hēibáixiāngjiān	*ap* black alternating with white
美不胜收	měibùshèngshōu	*ap* too much beauty to absorb
毛色	máosè	*n* color of animal hair
纯净	chúnjìng	*adj* pure; clean
感动	gǎndòng	*v* to move; to touch
情真意切	qíngzhēnyìqiè	*ap* true love and genuine concern
描写细腻	miáoxiěxìnì	*vp* to exquisitely describe
感人至深	gǎnrénzhìshēn	*ap* deeply moved
满分	mǎnfēn	*n* perfect scores
至关重要	zhìguānzhòngyào	*ap* very important; major
作用	zuòyòng	*n* effect

坟墓	fénmù	*n* grave; tomb
录取通知书	lùqǔtōngzhīshū	*n* notice of enrollment
端端正正	duānduān zhèngzhèng	*adj* upright
大字不识一个	dàzìbùshíyīgè	*vp* completely illiterate
凭	píng	*v* to rely/depend on
刨食	páoshí	*vo* to dig for food
血液	xuèyè	*n* blood
滞重	zhìzhòng	*adj* sticky and heavy
因子	yīnzǐ	*n* gene; *lit* factor
头脑	tóunǎo	*n* brain; mind; head
苦难	kǔ'nàn	*n* suffering; misery
寄托	jìtuō	*v* to place (hope etc.) in; to entrust to the care of someone
泼洒	pōsǎ	*v* to spill
弥漫	mímàn	*v* to fill the air; to spread everywhere
一股	yīgǔ	*m* for air/fragrance/strength
醇香	chúnxiāng	*n* fragrance of wine
抱以	bàoyǐ	*v* to respond someone with; to cherish
祝福	zhùfú	*n* blessing
可惜	kěxī	*adj* unfortunate
舒心	shūxīn	*adj* (方言) pleasant and agreeable
敞亮	chǎngliàng	*adj* light and spacious
细细地	xìxìde	*adv* carefully; attentively
聆听	língtīng	*v* (文言) to listen respectfully
探进	tànjìn	*v* to stretch forward; to look for; peek in

告辞	gàocí	*v* to take leave
有闲心	yǒuxiánxīn	*vo* to be in a leisurely mood
陈设	chénshè	*n* furnishings
打岔	dǎchà	*vo* to interrupt; to cut in
洋灰纸	yánghuīzhǐ	*n* paper packaging for cement
夹	jiā	*v* to place in between; to press from both sides
腋下	yèxià	*n* armpit
裁缝	cáifeng	*n* tailor; dressmaker
碎布头	suìbùtóu	*n* remnant of bolt of cloth
拼	pīn	*v* to put/piece together
挨…斗	ái…dòu	*v* to be accused and denounced at a meeting
咳嗽	késou	*v* to cough
厉害	lìhai	*adj* terrible; devastating; sharp
告别	gàobié	*v* to leave; to say good-bye
输	shū	*v* to lose; to be defeated
抵押	dǐyā	*v* to be mortgaged
喝闷酒	hēmènjiǔ	*vo* to drink alcohol when one is unhappy
打发	dǎfa	*v* (口语) to send on errand; here is while away (one's time)
惹	rě	*v* to cause (something bad) to happen; to provoke
生气	shēngqì	*vo* to take offense; to get angry
发自内心	fāzìnèixīn	*adp* evolve from the heart
赌	dǔ	*v* to gamble; to bet
一口想吃成一个胖子	yīkǒu xiǎng chīchéng yīge pàngzi	*id* you can't build up your constitution on one mouthful; you can't become successful in a short while

脚踏实地	jiǎotàshídì	*adp* earnest and down-to-earth
攒	zǎn	*v* to save; to accumulate
不足	bùzú	*adj* not be enough
牵挂	qiān'guà	*v* to keep thinking about; to be anxious about
保重	bǎozhòng	*v* to take care of oneself
发大财	fādàcái	*vo* to get rich; to make a pile of money
当大款	dāngdàkuǎn	*vo* to become a moneybags
出人头地	chūréntóudì	*vp* to stand out among one's fellows
追	zhuī	*v* to chase
喘着气	chuǎnzheqì	*vp* to breathe deeply; to pant; to gasp
列车	lièchē	*n* train
摆摆手	bǎibǎishǒu	*vo* to wave one's hand
趴	pā	*v* to lie prone (facing down)
挥手	huīshǒu	*vo* to wave one's hand
驶	shǐ	*v* to drive; to sail
车厢	chēxiāng	*n* railway carriage/car
行进	xíngjìn	*v* to march forward; to advance

词语例句

趁 = take advantage of ; while

★ 趁我还活着，你俩就把家分了吧。

1. 趁老师在这儿，有什么问题你就问吧。

2. 我想趁去上海的机会，去看看多年不见的老朋友。

而 = 然而; however

★ 他们就像一伙贪食的孩子，眼睁睁地看着蝶儿挤牛奶…
而蝶儿倒像是一个大人，她成熟、老练地做着她应该做的一切。

1. 她去公司面谈的时候，她的父母都很紧张，而她却不在乎。

2. 这本书我读过三遍了，而根据书改编的电影还没看过。

每当…的时候＝ when...

★ 每当她微笑的时候，人们便看到一颗白亮亮的小虎牙。

1. 每当看到这张照片的时候，我就想起了故乡。

2. 每当我听到这首歌的时候，都很感动。

依然＝ still; as before

★ 中午，蝶儿放罢牛回来后，见哥哥依然呆在家里。

1. 医生多次劝他戒烟，可是他依然抽得很厉害。

2. 我向他示意我们该走了，可是他依然坐着不动。

一旦＝ once; in case; now that

★ 校长远远地走来了，她总是慌慌地躲开。一旦躲不开，她便站在一边。

1. 他在车里放了一些饼干和一件大衣。一旦车出了问题，搁在路上，他饿不着也冻不着。

2. 他是一个预备役军人。一旦发生战争，他穿上军装就可以上战场。

终于＝总算; in the end; finally

★ 她想起了父亲和哥哥…她才终于抬起手轻轻地敲敲门。

1. 他一夜没睡才终于把文章写完。

2. 由于经济不景气，工作很难找。他找了半年才终于找到了一份银行的工作。

究竟＝到底; really? what on earth?

★ 她不知道电话里那个人究竟是谁。

1. 你应该跟他说明白：你究竟爱不爱他。

2. 你究竟跟不跟我们去看戏？

讨论题

根据小说内容回答下列问题：

1. 爹临终前给兄妹分家，为什么给哥哥的财产多？给妹妹的财产少？
2. 爹为什么不让蝶儿上学了？
3. 爹死后蝶儿是怎样生活的？她与哥哥有什么不同？
4. 蝶儿卖牛奶跟别人卖牛奶有什么不同？这说明什么？
5. 蝶儿为什么要去见校长？
6. 校长是个什么样的人？他对蝶儿有什么样的影响？他为什么愿意用自己的时间给蝶儿上课？
7. 蝶儿的高考作文为什么写得特别好？
8. 爹希望哥哥能好好念书，考上大学，可是哥哥被学校开除了，妹妹却意想不到地实现了爹的梦想。作者想向读者说明什么 ？

请进一步思考和讨论以下问题：

1. 作者通过一个农村女孩子由失学到自学成材、考上大学的故事启示读者思考什么问题？从以下几个方面思考：

   (1)中国农村中残存的"重男轻女"的观念以及这种观念的消极影响。
   (2)经济改革后，由于两极分化，农村出现的贫困家庭的孩子和女孩子失学的现象。
   (3)改变这种现状，提高妇女地位和保障她们权利的有效措施。

2. 故事中的蝶儿的性格描写有什么问题？请从以下两个方面考虑：

   (1)蝶儿是否是个有独立个性的女孩子？她是否知道自己的价值 ？
   (2)作者为什么要把蝶儿写成一个孝女贤妹？

喷壶
Watering Can

梁晓声 Liang Xiaosheng

梁晓声，1949年出生于山东荣城。曾参加过黑龙江生产建设兵团。1977年毕业于复旦大学中文系。历任北京电影制片厂编辑、编剧，中国儿童电影制片厂编辑。中国作家协会会员。

梁晓声1979年开始发表小说。代表作品有长篇小说，《一个红卫兵的自白》、《雪城》，中篇小说集《人间烟火》，短篇小说集《天若有情》、《白桦树皮灯罩》、《死神》等。他的小说多描写北大荒的知青生活，真实、动人的展示了他们的痛苦与欢乐，求索与理想。反映知青生活的中篇小说《今夜有暴风雪》发表后，引起社会很大的反响。

《喷壶》发表在2000年第11期的《小说月报》上。小说描写了一个在文化大革命中"迫害者"的忏悔，并通过这个人物的"认罪"过程，从人性和文化的角度探讨了文革发生的原因。

Liang Xiaosheng was born in Rongcheng, Shandong, in 1949, and joined the Heilongjiang Production and Construction Corps in the late 1960s. After graduating with a degree in Chinese language and literature from Fudan University in 1977, he worked as an editor and writer for Beijing Film Studio and the Chinese Children's Film Studio. He is a member of the Chinese Writers Association.

Liang began to publish fiction in 1979. Representative works include his novels *The Confession of a Red Guard* and *Snow Town* and the short story collections *If Heaven Has Feelings, The Lampshade Made of Birch Bark,* and *The God of Death.* Most of his writings depict the life of educated city youth who were sent to work in rural northeast China in the late 1960s, realistically and vividly conveying their sorrow, happiness, and search for ideals. The publication of his novella *There Will Be a Snowstorm Tonight* attracted nationwide attention in the mid-1980s.

"Watering Can," which was published in *Fiction Monthly* in 2000, tells of the repenting of a "persecutor" from the Cultural Revolution period (1966–76). By exploring this character's contrition, the story seeks the roots of the Cultural Revolution from the perspectives of humanity and culture.

◆

　　在北方的这一座城市，在一条老街的街角，有一间俄式小房子。它从前曾是美观的。

　　但是现在它像人一样老了。从前中国人承认自己老了，常常说这样一句话："土埋半截了。"

　　这一间俄式小房子，几乎也被"土埋半截了"。沉陷至窗台那儿了。从前的铁瓦差不多快锈透了，这儿那儿打了许多处"补丁"。那些"补丁"是用亮闪闪的新铁皮"补"上去的。或圆形，或方形，或三角形和菱形的，使房顶成为小房子现在最美观的部分，一种童话意味的美观。

　　小房子门口有一棵树。树已经死了多年了。像一只长长的手臂从地底下伸出来，叉着短而粗的"五指"。其中一"指"上，挂着一串亮闪闪的铁皮葫芦。风吹即动，发出悦耳的响声。风铃的响声似的。

　　那小房子是一间黑白铁匠铺。

　　那一串亮闪闪的铁皮葫芦是它的标志。也是铁匠手艺的广告。

　　铁匠年近五十了。按从前的说法，他正是一个"土埋半截了"的人。按现在的说法，已走在通往火葬厂的半路上。一个年近五十的人，无论男女，无论贫富，无论身份高低，无论健康与否，无论仍充满着种种野心雄心还是与世无争守穷认命地活着……有一点是完全相同

_____

本文对原作做了一些删节。

的，都是"土埋半截了"的人。

这铁匠却并不守穷认命。当然他也没什么野心和雄心了。不过他仍有一个热切的、可以理解的愿望——在那条老街被推平之前，能够凑足一笔钱，在别的街上租一个面积稍微大一点的房子，继续以铁匠手艺养家糊口，度日维生。

铁匠明白，这条老街总有一天是要被推平的。或两年后，或三年后，也可能一年后。那条老街已老得如同城市的一道丑陋的疤。

当铁匠歇手吸烟时，便从小房子里走出来，靠着枯树，以忧郁的目光望向街的另一端。他并不眷恋这条老街。但是这条老街被推平了，自己可怎么办呢？小房子的产权是别人的。确切地说，它不是一幢俄式小房子本身，而只不过是背阴的一小间。朝阳的三间住着人家。门开在另一条街上……

现在城市里少见铁匠铺的，正如已少见游走木匠一样。这铁匠的另一个老同行不久前一觉不醒地死了。他是这座城市里惟一的没竞争对手的铁匠了。他的生意谈不上怎么的兴隆。终日做一些小撮子、小铲子、小桶、喷壶之类的而已，在塑料品比比皆是的今天，这座城市的不少人家，居然以一种怀旧似的心情青睐起他做的那些寻常东西来。他的生意的前景，很有一天好过一天的可能。

但他的目光却是更加忧郁了。因为总有消息传来，说这条老街就要被推平了，就要被推平了……

他却至今还没积蓄。要想在这座城市里租一间门面房，手中没几万元根本别做打算……

某日，又有人出现在他的铁匠铺门前，是位七十多岁的老者。

"老人家，您做什么？"

铁匠自然是一向主动问的。因那样一位老者来他的铁匠铺前而奇怪。

"桶。"

老者西服革履，头发皆已银白，精神矍铄，气质儒雅。说时，伸手轻轻拨动了一下那铁皮葫芦，于是铁皮葫芦发出一阵悦耳的响声。

"多大的呢？"

老者默默用手比量出了他所要的规格。

"得先交十元钱押金。"

"不，我得先看看你的手艺如何。"

"您不是已经看见了这几件样品么？还说明不了我的手艺么？"

"样品是样品，不能代表你没给我做出来的桶。"

"要是我做出来了，您又不要了，那我不是白做了吗？"

"那还有机会卖给别人。可你要做得不合我意，又不退押金给我，我能把你怎么样呢？"

铁匠不禁笑了。

他自信地说："好吧。那我就破一回例。"

是的，铁匠很自信。不就是一只桶嘛。他怎么会打做出使顾主觉得不合意的桶呢？望着老者离去的背影，铁匠困惑地想 — 他要我为他做一只白铁皮的桶干什么用呢？他望见老者在街尽头上了一辆分明是等在那儿的的黑色轿车……

几天后，老者又来了。

铁匠指着已做好的桶让老者看。

不料老者说："小了。"

"小了？" — 铁匠顿时一急。他强调，自己是按老者当时双手比量出的大小做的。

"反正是小了。"老者的双手比量在桶的外周说："我要的是这么大的。"

"可……"

"别急，你用的铁皮，费的工时，我一总付给你钱就是了。"

"那，先付一半吧老人家……"

老者摇头，表情很固执。看上去显然没有商讨的余地。但也显然是一言九鼎，值得信任的态度。

铁匠又依了老者。

老者再来时，对第二只桶频频点头。

"这儿，要有个洞。"

"为什么？老人家。"

"你别管，按我的要求做就是。"

铁匠吸取了教训，塞给老人一截白粉笔。老者在桶的底部画了一个圈，没说什么就走了。

老者第四次来时，"指示"为那捅了一个洞的桶做上拴手和盖和水嘴儿。铁匠这才明白，老者要他做的是一只大壶。他心里纳闷儿，一开始说清楚不就得了么？如果一开始就说清楚，那洞可以直接在铁皮上就捅出来呀，那不是省事儿多了么？

但他已不问什么了。他想这件事儿非要这样不可，对那老者来说，是一定有其理由的。

铁匠错了。老者最终要他做的，也不是一只大壶，而是一只喷壶。

喷壶做成以后，老者很久没来。

而铁匠常常一边吸烟，一边望着那只大喷壶发呆发愣。往日，铁匠每每手里敲打着，口中哼唱着。自从他做成那只大喷壶以后，铁匠铺里再没有传出过他的哼唱声。

却有一个十七八岁的姑娘替老者来过一次。她将那只大喷壶仔仔细细地验看了一遍，分明的，想要有所挑剔。但那大喷壶做的的确无可挑剔。姑娘最后不得不说了两个字——"还行"。

"还要做九只一模一样的，一只比一只小，你肯做么？"

铁匠目光定定地望着姑娘的脸，似乎在辨认从前的熟人，他知道那样望着有失礼貌，但他由不得自己。

"你肯做？还是不肯做？"

姑娘并不回避他的目光。恰恰相反，她迎视着他的目光，仿佛要和他进行一番目光与目光的较量。

"你说话呀！"

姑娘皱起眉头，表情显得不耐烦了。

"我……肯做。当然肯……"

铁匠当时有点儿不知所措……

"一年后来取，你承诺一只也不卖给别人吗？"

姑娘的口吻冷冷的。

"我……承诺……"

铁匠回答时，似乎自感卑贱地低下了他的头，一副目光不知望向哪里的样子……

"钱也要一年以后才付。"

"行，怎么都行。怎么我都愿意。"

"那么，记住今天吧。我们一年以后的今天见。"

姑娘说完，转身就走。

铁匠跟出了门……

他的脚步声使姑娘回头看他。她发现他是个瘸子。她想说什么，却只张了一下嘴，什么话都没说，一扭头快步而去。铁匠的目光，也一直将姑娘的背影送至街的那一端。他也看见她坐进了轿车里，对那辆黑色的轿车他已熟悉。

后来，这铁匠就开始打做另外九只喷壶。他是那么的认真，仿佛工艺家在进行工艺创作。为此他婉拒了不少主动上门的活儿。

世上有些人没结过婚，但世上每一个人都是有过爱的。

铁匠由于自己是瘸子至今没结婚，但他在是一名初二男生时就爱过了。那时的他眉清目秀。他爱上了同班

111

一名沉默寡言、性情特别内向的女生。其实她的容貌算不上出众，也许她吸引他的美点，只不过是她那红润的双唇，像樱桃那么红润。主管的老师曾在班上不点名地批评过她才是初二女生不该涂口红，她委屈得哭了。而事实证明她没涂过口红。但从此她更沉默寡言了。因为几乎全班的男生都开始注意她了，由于她像樱桃那么红润的唇。初二下学期他和她分在了同桌。起初他连看都不敢看她，他觉得她的红唇对自己具有不可抗拒的诱惑力，并且开始以审美的眼光暗自评价她的眼睛，他认为她有一双会说话的眼睛。其实大多数少女的眼睛都会说话，她们眼睛的这一种"功能"要等到恋爱几次以后才渐渐"退化"，初二的男生不懂得这一点罢了。不久他又被她那双白皙的小手所诱惑，那倒的确是一双秀美的小手，白皙得几乎透明，惟有十个迷人的指尖儿微微泛着粉红……

某一天，他终于鼓起一百二十分的勇气塞给了她一张纸条，上面写满了他"少年维特之烦恼"。三十年前中学生的早恋方式与今天没什么不同，也都是以相互塞纸条开始的。但结果却往往不一样。

他首先被与自己的同桌分开了。

接着纸条在全校大会上被宣读了。再接着是找家长谈话。他的父亲—三十年前的铁匠从学校回到家里，怒冲冲将他毒打了一顿。而后是写检查和保证书……

这初二男生的耻辱，直至"文革"开始以后方得以雪洗。他第一个冲上批斗台抢起皮带抽校长；他亲自操剪刀将女班主任的头发剪得<u>乱七八糟</u>；他对他的同桌的<u>报复</u>最为"文明"——在"文革"第一年的冬季，他命她<u>拎</u>着一只大喷壶，在校园中<u>浇</u>出一片<u>滑冰</u>场来！已经没有哪个学生还有心思滑冰，在那一个"革命风暴"<u>凛冽</u>的冬季。但那么多红卫兵成为他的<u>拥护者</u>。人性的<u>恶</u>被以"革命"的<u>名义</u>调动得<u>天经地义理直气壮</u>。那个冬季真是特别的寒冷啊，而他不许她戴着手套拎那把校工用来浇花的大喷壶。看着她那双秀美的白皙的小手怎样一<u>触碰</u>到水湿了的喷壶即被<u>冻住</u>，他觉得为报复而<u>狂热</u>地表现"革命"是多么地值得。谁叫她的父亲在国外，而且是资本家呢！"红五类"对"黑五类"<u>冷酷无情</u>是被公认的"革命"原则啊……整个冬季她也没浇出一片足以滑冰的冰场来。

春风吹化了她浇出的那一片冰的时候，她从学校里也从他的注意力中消失了。

再狂热"革命"的红卫兵也<u>逃避</u>不了"上山下乡"的命运。<u>艰苦</u>的劳动绝不像"革命"那么<u>痛快</u>，他永远明白了这一点，<u>代价</u>是他成了瘸子。

返城后的一次同学聚会中，一名女同学<u>忏悔</u>地告诉他，其实不是他的同桌"出卖"了他，是那名和她特别<u>亲密无间</u>的女同学。他听了并不觉得<u>内疚</u>。他认为都是"文革"的过错。

但是当他又听说，三十年前，为了浇出一片滑冰场她严重<u>冻伤</u>的双手被<u>齐腕</u>锯掉了，他没法再认为这都是"文革"的过错了。他的忏悔远远大于那名当年曾"出卖"了她也"出卖"了他的女同学。

他顶怕的事情就是有一天，一个没有双手的女人来到他的铁匠铺，欣赏着他的手艺说："有一双手该多好哇！""请给我打做一只喷壶，我要用它在冬季浇出一片滑冰场。"……

现在，他知道，他顶怕的事终于发生了。尽管不是一个没了双手的女人亲自来……

每一只喷壶的打做过程，都是人心的审判过程。

而在打做第十只，也就是最小的那一只喷壶时，铁锤和木锤几次敲砸在他手上。他那颗心的疤疤瘌瘌的数层外壳，也终于一层层地被彻底敲砸开了。他看到了他不愿承认更不愿看到的景观。自己灵魂之核的内容，人性丑陋而又邪恶的实证干瘪着，像一具打开了石棺盖因而呈现着的木乃伊。他自己最清楚，它并非来自外界，而是在自己灵魂里自生出的东西。原因是他的灵魂里自幼便缺少一种美好的养分—人性教育的养分。虽忏悔并不能抵消他所感到的颤栗……

他非常想把那一只最小的喷壶打做得最美观，但是他的愿望没达到。

曾有人要买走那十只喷壶中的某几只，他不卖。

他一天天等待着他的"赎罪日"的到来……

那条老街却在年底就被提前推平了。

他十分幸运地得到了一处门面房，而且还是里外两间，而且是在一条市场街上。动迁部门告知他，因为有"贵人"关照着他。否则，他凭什么呢？休想。

他几回暗问自己 — 我的命中也配有"贵人"么？

猜不出个结果，就不猜了。

这铁匠做好了一切心理准备，专执一念等待着被羞辱、被报复。最后，竟连这一种惴惴不安的等待着的心里，也渐渐地趋于平静了。

一切事情总有个了结。他想。不至于也斩掉我的双手吧？这么一想，他又觉得自己未免庸人自扰。

他所等待的日子终于等到了。那老者却没来，那姑娘也没来。一个认识他的孩子将一封信送给了他，是他当年的同桌写给他的。她在信中这样写着：

我的父亲一直盼望有机会见到你这个使他的女儿失去了双手的人！我的女儿懂事后也一直有同样的想法。他们的目的都达到了。他们都曾打算替女儿和母亲惩罚你。他们有报复你的足够的能力。但我们这一家人都是反对报复的人，所以他们反而在我的劝说下帮助了你。因为，对我在少女时期爱过的那个少年，我怎么也狠不下心来……

信封中还有一样东西 — 她当年看过他塞给她的纸条后，本打算塞给他的"复信"。两页作文本上扯下来的纸，记载着一个少女当年被爱所唤起的种种惊喜和幸福感。

那两页纸已发黄变脆……它们一下子被他的双手捂在了他的脸上，片刻湿透了。

在五月的阳光下，在五月的微风中，铁匠铺外那串亮闪闪的铁皮葫芦响声悦耳……

词汇

喷壶	pēnhú	*n* watering can
美观	měiguān	*adj* pleasing to the eye; beautiful
土埋半截	tǔmáibànjié	*vp* halfway to the grave
沉陷	chénxiàn	*v* to sink
窗台	chuāngtái	*n* windowsill
铁瓦	tiěwǎ	*n* metal tile
锈透	xiùtòu	*vr* to extremely rust
补丁	bǔding	*n* patch
铁皮	tiěpí	*n* iron sheet
菱形	língxíng	*n* diamond shape; rhombus
童话	tónghuà	*n* fairy tales
意味	yìwèi	*n* meaning; significance; implication
手臂	shǒubì	*n* arm
叉	chā	*v* to fork
葫芦	húlu	*n* gourd; calabash
即	jì	*adv* 立即; immediately; right away; promptly
悦耳	yuè'ěr	*adj* pleasing to ear; sweet-sounding
黑白铁匠铺	hēibáitiějiàngpù	*n* blacksmith/ironsmith and tinner shop
标志	biāozhì	*n* sign; symbol
手艺	shǒuyì	*n* craftsmanship; workmanship
火葬厂	huǒzàngchǎng	*n* crematorium
野心	yěxīn	*n* wild ambition; careerism
雄心	xióngxīn	*n* great ambition; lofty aspiration
与世无争	yǔshìwúzhēng	*vp* to hold oneself aloof from the world

守穷认命	shǒuqióng rènmìng	*vp* to accept the fate of remaining poor
热切	rèqiè	*adj* fervent; earnest
愿望	yuànwàng	*n* desire; wish; aspiration
推平	tuīpíng	*vr* to remove or flatten with a bulldozer
凑足	còuzú	*vr* to make up deficiency
面积	miànjī	*n* surface area
稍微	shāowēi	*adv* slightly
养家糊口	yǎngjiāhúkǒu	*vp* to support one's family
度日维生	dùrìwéishēng	*vp* to subsist in hardship (维生＝维持生活)
丑陋	chǒulòu	*adj* ugly
疤	bā	*n* scar
歇手	xiēshǒu	*v* to stop doing something
枯	kū	*adj* withered (of plants etc.)
忧郁	yōuyù	*adj* melancholy; dejected
眷恋	juànliàn	*v* to be sentimentally attached to (person/place)
产权	chǎnquán	*n* property rights
确切	quèqiè	*adj* precise; exact
背阴	bèiyīn	*adj* shady
游走	yóuzǒu	*adj* moving around
一觉不醒地	yījiàobùxǐngde	*adp* go to sleep and not wake up
竞争	jìngzhēng	*v* to compete
兴隆	xīnglóng	*adj* prosperous; flourishing
撮子	cuōzi	*n* dustpan
铲子	chǎnzi	*n* shovel
塑料品	sùliàopǐn	*n* plastic products

比比皆是	bǐbǐjiēshì	*id* can be found everywhere; ubiquitous
青睐	qīnglài	*n* (文言) favor; good graces
前景	qiánjǐng	*n* prospects; perspectives
好过	hǎoguò	*adj* getting better (day by day)
积蓄	jīxù	*n* savings
门面房	ménmiànfáng	*n* a room/building facing the street; front room
西服革履	xīfúgélǚ	*np* Western-style suit and leather shoes
皆	jiē	*adv* all; everyone
矍铄	juéshuò	*adj* (文言) hale and hearty
气质	qìzhì	*n* temperament
儒雅	rúyǎ	*adj* (文言) scholarly and refined
拨动	bōdòng	*v* to move with hand/foot/stick etc.; to stir (up)
默默	mòmò	*adv* quietly; silently
比量	bǐliang	*v* to measure roughly (with hand/stick etc.)
规格	guīgé	*n* specifications; standard
押金	yājīn	*n* cash pledge; deposit
样品	yàngpǐn	*n* sample (product)
破…例	pò…lì	*vo* to break a rule; to make an exception
打做	dǎzuò	*v* to make
顾主	gùzhǔ	*n* customer; client
困惑	kùnhuò	*adj* perplexed; puzzled
轿车	jiàochē	*n* car; sedan
不料	bùliào	*adv* unexpectedly
顿时	dùnshí	*adv* immediately; at once
强调	qiángdiào	*v* to stress; to underline

外周	wàizhōu	*n* outer circumference
一总	yīzǒng	*adv* (口语) totally; completely; altogether
固执	gùzhi	*adj* obstinate; stubborn
显然	xiǎnrán	*adv* obviously; clearly
余地	yúdì	*n* leeway; room
一言九鼎	yīyánjiǔdǐng	*id* solemn pledge
依	yī	*v* to comply with; to depend/count on
频频	pínpín	*adv* again and again; repeatedly
吸取	xīqǔ	*v* to accept; to learn; to draw
塞	sāi	*v* to fill/stuff in
截	jié	*m* a length of; a piece of
指示	zhǐshì	*v* to indicate; to point out
捅	tǒng	*v* to poke; to disclose
拎手	līngshǒu	*n* bucket handle
水嘴儿	shuǐzuǐer	*n* spout
纳闷儿	nàmèner	*vo* (口语) to be puzzled/perplexed
发呆发愣	fādāifālèng	*vp* to stare blankly and be in a daze
每每	měiměi	*adv* often; every time
敲打	qiāoda	*v* to rap; to tap; to beat/knock
哼唱	hēngchàng	*v* to hum a tune/song
仔仔细细	zǐzǐxìxì	*adp* carefully; attentively
验看	yànkàn	*v* to examine; to check closely
挑剔	tiāoti	*v* to nit-pick; to be picky
辨认	biànrèn	*v* to identify; to recognize
恰恰	qiàqià	*adv* just; exactly; coincidentally

迎视	yíngshì	*v* to meet/face someone's gaze
较量	jiàoliàng	*n* contest; measuring one's strength
皱	zhòu	*v* to wrinkle
眉头	méitóu	*n* brows
不知所措	bùzhīsuǒcuò	*id* be at a loss
承诺	chéngnuò	*v* to promise to do something
口吻	kǒuwěn	*n* tone of voice
自感	zìgǎn	*abbr* 自我感受; self-esteem
卑贱	bēijiàn	*adj* lowly
瘸子	quézi	*n* (口语) cripple; lame person
扭头	niǔtóu	*vo* to turn one's head
婉拒	wǎnjù	*v* 婉言拒绝; to tactfully decline/reject
初二	chū'èr	*n* 初中二年级; second year of middle school (eighth grade in USA)
眉清目秀	méiqīngmùxiù	*ap* have delicate features
沉默寡言	chénmòguǎyán	*id* reticent; uncommunicative
容貌	róngmào	*n* facial features; looks
出众	chūzhòng	*vo* to be outstanding
红润	hóngrùn	*adj* ruddy; rosy
唇	chún	*n* lips
樱桃	yīngtáo	*n* cherry
涂	tú	*v* to apply; to spread on
委屈	wěiqu	*v* to feel wronged
起初	qǐchū	*n* at first; originally
抗拒	kàngjù	*v* to resist; to defy
诱惑力	yòuhuòlì	*n* attractiveness; allure

审美	shěnměi	*vo* to appreciate beauty
暗自	ànzì	*adv* to oneself; secretly
渐渐	jiànjiàn	*adv* gradually; little by little
退化	tuìhuà	*v* to degenerate, to lessen; *n* degeneracy
白皙	báixī	*adj* (文言) light complexioned; blond
指尖儿	zhǐjiāner	*n* fingertip
泛	fàn	*v* to be suffused with; spread
鼓起	gǔqǐ	*v* to arouse; to summon (courage)
维特	Wéitè	*n* (音译 transliteration) Werther, main character in *Goethe's The Sorrows of Young Werther* (1774)
烦恼	fánnǎo	*n* vexation
宣读	xuāndú	*v* to read out (in public)
怒冲冲	nùchōngchōng	*adv* furiously; in a great rage
毒打	dúdǎ	*v* to fiercely beat up
检查	jiǎnchá	*n* self-criticism; *v* to inspect
保证书	bǎozhèngshū	*n* letter of guarantee; written pledge
耻辱	chǐrǔ	*n* shame; disgrace; humiliation
雪洗	xuěxǐ	*v* to avenge; to get revenge; to wipe out
冲上	chōngshàng	*v* to rush on
批斗台	pīdòutái	*n* a stage for publicly criticizing and denouncing someone
抡起	lūnqǐ	*v* to swing; to brandish
抽	chōu	*v* to whip; to lash
操	cāo	*v* to grasp; to hold
乱七八糟	luànqībāzāo	*ap* in a mess/muddle
报复	bàofu	*n* retaliation; revenge

拎	līng	*v* to carry; to lift
浇	jiāo	*v* to pour liquid on
滑冰	huábīng	*n* ice skating; *vo* to ice skate
凛冽	lǐnliè	*adj* piercingly cold
拥护者	yōnghùzhě	*n* supporter
恶	è	*n* evil
名义	míngyì	*n* name
天经地义	tiānjīngdìyì	*ap* indisputably correct; perfectly justified/proper
理直气壮	lǐzhíqìzhuàng	*ap* assured with justice on one's side
触碰	chùpèng	*v* to touch; to contact
冻住	dòngzhù	*vr* to freeze
狂热	kuángrè	*adj* fanatical; feverish
冷酷无情	lěngkùwúqíng	*ap* cold-blooded; unfeeling
逃避	táobì	*v* to escape; to evade
艰苦	jiānkǔ	*adj* arduous
痛快	tòngkuai	*adj* joyful; to one's heart's content
代价	dàijià	*n* price; cost (of doing something)
忏悔地	chànhuǐde	*adv* regretfully
亲密无间	qīnmìwújiān	*ap* be on very intimate/close terms
内疚	nèijiù	*n* guilty conscience; compunction
冻伤	dòngshāng	*vr* to frostbite
齐腕	qíwàn	*adj* up/reaching to the wrists
锯掉	jùdiào	*vr* to saw off; to amputate
顶	dǐng	*adv* very; most
欣赏	xīnshǎng	*v* to appreciate; to enjoy

审判	shěnpàn	*v* to bring to trial
过程	guòchéng	*n* process; course
铁锤	tiěchuí	*n* metal hammer
木锤	mùchuí	*n* wooden hammer
敲砸	qiāozá	*v* to beat and smash
疤疤瘌瘌	bābālala	*np* scar
外壳	wàiké	*n* outer covering/casing; shell; case
彻底	chèdǐ	*adv* thorough (going)
景观	jǐngguān	*n* landscape
灵魂之核	línghúnzhīhé	*np* the core of the soul/spirit
邪恶	xié'è	*adj* evil; wicked; vicious
干瘪	gānbiě	*adj* shriveled; wizened
石棺	shíguān	*n* stone coffin
盖	gài	*n* cover
呈现	chéngxiàn	*v* to present; to appear; to emerge
木乃伊	mùnǎiyī	*n* (外来词) mummy
自幼	zìyòu	*adv* from/since childhood
缺少	quēshǎo	*v* to lack; to be short of
养分	yǎngfèn	*n* nutrient
抵消	dǐxiāo	*v* to offset; to cancel out; to neutralize
颤栗	chànlì	*v* to tremble; to shiver
赎罪日	shúzuìrì	*n* day of atonement
动迁	dòngqiān	*v* to move; to relocate
关照	guānzhào	*v* to look after
凭	píng	*v* to rely/depend on

休想	xiūxiǎng	*vp* (口语) to forget it
专执一念	zhuānzhíyīniàn	*vp* to concentrat on only one thing
惴惴不安	zhuìzhuìbù'ān	*ap* be on tenterhooks; nervous
趋于	qūyú	*v* to tend/incline to
了结	liǎojié	*v* to finish; to bring to an end
斩掉	zhǎndiào	*vr* to chop off; to cut off
未免	wèimiǎn	*adv* rather; truly; a bit too
庸人自扰	yōngrénzìrǎo	*vp* to have unnecessary worries or fears
盼望	pànwàng	*v* to hope/long for; to look forward to
惩罚	chéngfá	*v* to punish
劝说	quànshuō	*v* to persuade; to advise
狠…心	hěn…xīn	*vo* to make a heartless decision
复信	fùxìn	*n* letter in reply
作文本	zuòwénběn	*n* composition book
扯	chě	*v* to pull; to tear
记载	jìzǎi	*v* to put down in writing; to record
唤起	huànqǐ	*v* to arouse; to call; to recall
脆	cuì	*adj* fragile; brittle
捂	wǔ	*v* to seal; to cover
湿透	shītòu	*vr* to wet through

词语例句

无论＝不管／不论; no matter; regardless of

★ 一个年近五十的人，无论男女，无论贫富，无论身份高
低，无论健康与否……都是"土埋半截"的人了。

1. 无论明天天气怎么样，我都得去一趟纽约。

2. 无论父母同意不同意，他都要跟那个女孩子结婚。

···而已＝that is all; nothing more

★ 他终日做一些小撮子、小铲子、小桶、喷壶之类而已。

1. 别生气，我只是开玩笑而已。

2. 别人的话只是建议而已，你不一定要听。

仿佛＝似乎／好像; seems; as if

★ 他是那么认真，仿佛工艺家在进行工艺创作。

1. 看到孩子们放风筝，我仿佛也回到了自己的童年时代。

2. 雪后的大地仿佛盖了一张白绒毯。

并非＝并不是; not really

★ 他自己最清楚，它并非来自外界，而是在自己的灵魂里自生的东西。

1. 我提这些意见并非反对你的看法，而是希望你从多方面考虑这个问题。

2. 送礼的人并非都出于诚意。

不至于＝不致; cannot go so far; be unlikely

★ 一切事情总是有个了结。他想，不至于也斩掉我的双手吧。

1. 现在工作是难找，可是我想你还不至于找不到。

2. 你这点儿病还不至于连班都不能上了。

讨论题

根据小说内容回答下列问题：

1. 小说中的铁匠有一个什么样的愿望？
2. 黑白铁匠铺的生意怎么样？为什么？
3. 来铁匠铺的那位老者是个什么样的人？他是怎样要求铁匠给他做喷壶的？他为什么不向铁匠一次说清楚呢？

4. 一位年轻姑娘在老者之后又来让铁匠做另外九只喷壶。你想这两个顾客到底为什么要这样做？
5. 这十只喷壶让铁匠想起了什么？
6. 铁匠年轻时有一次痛苦的恋爱经历。他是怎样毁了他的初恋的？
7. 打喷壶的过程就是铁匠自我审判的过程。他在自己的灵魂深处发现了哪些丑恶的东西或者缺陷？
8. 在故事结尾，铁匠初恋的恋人和她的亲人不但没有惩罚他，反而帮助了他。作者在儿这想向读者强调什么？

请进一步思考和讨论以下问题：

1. 作者试图用《喷壶》这个故事从人性的角度探讨文化大革命产生的社会文化渊源。在你看来，故事中的悲剧是怎样造成的？作者向我们启示什么？

2. 这个故事虽然短小，情节虽然简单，但却触及了报复、惩罚、忏悔、宽恕这样重大的主题。铁匠三十年前曾因报复、惩罚毁了自己的初恋和恋人。三十年后，被害者却用使铁匠忏悔、宽恕他了结了一段怨情。请你结合自己的亲身经历或者所见所闻谈谈对别人的宽容和谅解为什么很重要。

二分之一的傻瓜
Half Idiot

夏商 *Xia Shang*

夏商，1969年出生于上海。1988年开始小说创作。90年代起开始在《作家》、《花城》、《钟山》等杂志上发表小说。作品曾引起广泛的评论及关注，系新生代小说家代表人物之一。中国作家协会会员。

夏商的主要作品有长篇小说《全景图》，中短篇小说作品集《香水有毒》等。

《二分之一的傻瓜》收入《2000中国年度最佳短篇小说》。这个短篇围绕弱智人蔡那和他的嫂子的关系揭露了社会对弱智人的歧视。同时也从下岗失业、个体户的兴起、和经济体制改革等多方面反映了当代中国出现的一些问题。

Xia Shang was born in Shanghai in 1969. He began to write fiction in 1988 and published many works in prominent Chinese magazines such as *Writer, Flower City,* and *Zhongshan* in the 1990s. Being one of the representatives of the "New Generation" writers, Xia has attracted attention from a broad audience. He is a member of the Chinese Writers Association.

His main fictional writings include the novel *Panorama* and the collection of novellas and short stories *Perfume Is Poisonous*. "Half Idiot" is included in *The Best Short Stories of 2000*. Through the relationship between Cai Na and his sister-in-law, this short piece examines discrimination against the mentally challenged. Among the other contemporary issues highlighted are unemployment, emergent entrepreneurship, and economic reform.

◆

蔡这把自行车搬进屋子，气呼呼地坐在板凳上，陈亚娟见他这副样子，摆出数落他的架式说，又出什么事了，一脸晦气相，你怎么就不能弄张好脸让人瞧瞧呢？

蔡这朝陈亚娟也斜了一眼，说，你看你那张脸，就比我好看么。说完，掀开竹帘径自走进里屋去了。

陈亚娟忙跟了进来，她换了一种口气，和颜悦色地说，那我好好问你，究竟出了什么事了，让你不高兴？

蔡这很不耐烦地朝她挥了挥手，说，告诉你也没什么意思，也不是什么大事，你还是别知道的好。

陈亚娟一听，声调又高起来了，说，你还当我是你老婆吗？为什么有事老想瞒着我。

蔡这说，你这个女人忒烦，你就不能让我清静一会儿吗？

陈亚娟说，我让你清静了，自己就会憋死，不行，你得告诉我出了什么事。

蔡这说，我总有一天让你给折磨得疯掉，我今天下班在居委会门口遇到马阿姨，她说蔡那毛病又犯了，这次他闹到马路上去了，马阿姨中午看见他在红绿灯那儿学着交通警的样子指挥交通。

陈亚娟大笑起来，她捧着肚子，眼泪也笑了出来。

这个傻瓜，他怎么想得出来。

好笑吗？蔡这朝陈亚娟狠狠瞪了一眼。

是的，很好笑。陈亚娟直起腰来说。

蔡那是我的弟弟，也是你的弟弟。蔡这说。

　　我和他没有关系，他是一个傻瓜，我为什么要和傻瓜有关系。陈亚娟说。

　　我操你妈。蔡这一边骂一边站起来。

　　你骂谁？陈亚娟把面孔凑到蔡这面前。

　　你。蔡这一把把她推开。

　　你居然为了一个傻瓜骂我。陈亚娟说。

　　他是我弟弟，你他妈的没有权利取笑他。蔡这又来到外间。

　　蔡那不知何时已经回来，坐在八仙桌旁笑嘻嘻地望着他的兄嫂，怀抱足球的蔡小陈也一起回来了，他看着脸色铁青的爸爸妈妈，知道他们又吵架了。

　　蔡这在八仙桌的另一侧坐下来，对蔡那说，听说你去当交通警了？

　　蔡那点了点头，说，对啊，我站在马路边上，车子过来，我就把手一举，可好玩了。

　　蔡这说，我刚才来找你没找着，你是不是在东四路口当交通警呢？

　　蔡那说，你来的时候我可能去围墙那儿撒尿去了。

　　蔡这说，你以后别去当交通警了，车子不长眼睛，太危险了。

　　蔡那说，不，我要去，我喜欢当交通警。

　　蔡这叹了口气，他看着可怜的弟弟，莫名的哀伤向他席卷而来，蔡那呆滞的眼神告诉他，弟弟是一个生活在虚幻里的人，他们之间的交流绝大部分时候其实并无意义。但是他想成为一个好哥哥，他得照顾这个弱智的同胞手足，因为他们共同的父母已经不在人世，如果他不关心弟弟，别人就更不会来关心他了。

蔡那虽然是一个愚昧的人，不过他还是知道谁对他好谁对他不好，这一点，蔡这心里很清楚。正因如此，他不止一次地告诫陈亚娟，你不能老是恶声恶气地对待我弟弟，他是一个人，他也是有情感的，也是有自尊心的，他只是思维上有点缺陷，可是哪个人敢说身上就一点缺陷都没有呢。你陈亚娟左手生了六指，可是结婚这么多年，我拿这个取笑过你吗？

为了弟弟的事，蔡这与陈亚娟之间的争执从来没有中断过，尽管蔡这竭力捍卫弟弟人格的尊严，但却没能使陈亚娟对蔡那的歧视有丝毫改变，这无疑伤害了他们夫妻的感情，也使蔡这感到非常苦恼。

所以对今天蔡那到马路上去指挥交通的事，蔡这压根儿不愿意向陈亚娟提，他知道她听到后会产生什么样的反应，他太了解自己的老婆了，他不能说陈亚娟是个坏女人，从为人妻为人母的角度看，应该讲陈亚娟还是过得去的，她非常勤快，几乎把家务事都包干了，对儿子，她更是差不多把一颗心全掏了出来，若不是她那张像抹布一样的破嘴，她差不多够得上是模范主妇了。

可是她的破嘴害了她，把她给毁了。她本来在一家效益很好的化工厂上班，刚进厂那会儿还当过团支部[1]委员。可是她那两片爱搬弄是非的薄嘴唇把她渐渐弄到同事们的对立面去了，她得罪了几乎全车间的人。先是

1.团支部：中国共产主义青年团支部。许多单位都有这样的组织。通常是学习工作好的青年才可以加入这个组织或者被选为委员。

在干部改选中落选，最后被调离了化验间的岗位，要知道那可是全车间最舒适干净的活，白大褂一穿，同医务室的厂医没什么区别。她跑到车间主任那儿去闹去哭，可是已经无济于事了。领导已经决定让她去翻三班，与危险的锅炉和气味很重的化学品作伴。但她爱嚼舌头的脾气一点没改，她成了一个人人讨厌的碎嘴老妈子。终于，在化工厂效益开始滑坡的时候，她成了第一批被安排回家的下岗工人。然而，这次挫折并没能使她痛改前非，她依然唠叨个没完，就像生了语言多动症。

从化工厂下岗后，陈亚娟又干过两份活，她先是自己到街道社区服务中心去求职，被介绍到一家个体饭店当洗碗工，但干了没两个月，她就被辞退了。接着她又在熟人的介绍下去了一所小学的食堂给厨师当下手，这次她干得比较长，但也没能坚持上一年。两次求职的失败依然和她的贪说有关，她天生就是一个贫嘴，对付这种顽疾的最好方法就是用胶布把她的嘴巴封起来，可是又是不切实际的夸张之想。

可以想象，家里有了这样一个女人，蔡这将承受多少烦恼和压力。但他是一个有责任感的男人，他虽然考虑过与陈压娟分手，但一想到儿子蔡小陈，他就打消了离婚的念头。陈亚娟被小学食堂退工后，他没让她立刻再去找工作，他知道再找一个单位陈亚娟早晚还是会被辞退。他准备让陈亚娟自己开一个烟杂店，但这个想法并不能马上付诸实施，它首先得有一个门面，另外还得有一笔启动资金，蔡这一下子拿不出这笔钱，他只是一个房管所的收入不高的电梯维修工，陈亚娟不上班后，他的一份薪水要养活一家四口人，即使维持最低的生活水准，他也很难把家运转起来，更不用奢谈什么存钱开店了。生活的重负使蔡这倍感疲惫。他只好厚着面皮去找过去技校的几个老同学，东拼西凑借了两万块钱，想把烟杂店先开起来，可是在申办执照的过程中，他才知道陈亚娟并没有开店的资格，因为她虽然下了岗，但还是一个在编职工，她必须先辞职然后才能做买卖。陈亚娟不愿意辞职，所以这件事就拖了下来。

无处上班的陈亚娟待在家里，性格中的毛病一点儿都没有收敛。她的心情当然也不会好，但是她没有去找自己的原因。她把一口怨气都出在了蔡那的身上，她本来就嫌弃这个脑袋不灵的小叔，现在就更加恶声恶气地对待他。蔡那对陈亚娟有点惧怕，他看陈亚娟的眼神就像在看一只蝎子，他总是躲得陈亚娟远远的，生怕冷不防被蜇上一口。蔡这非常清楚陈亚娟的所作所为，可是他没有办法，他不可能不上班看着陈亚娟，他只好闷着生气，实在憋不住了，就指着陈亚娟破口大骂，你这个女人真他妈的变态，在外面搬弄是非，在家里还是劣性不改，下岗回家，不指望你养家糊口，至少把家里的事搞好，你他妈的倒好，把蔡那弄得看见你就象看见鬼一样，你这是存心要把我气死，你倒是说说，我弟弟哪一点碍着你啦，你他妈的要这样对待他。

有道是一物降一物，陈亚娟虽然是个厉害角色，然而却对蔡这惧怕三分，特别是蔡这发起火来，她那股嚣张的气焰就马上无影无踪了。不过嘴上依然不会屈服，虽然是歪理十八条，但她仍会吐沫星乱飞地说上一通。

陈亚娟说，自己之所以讨厌蔡那，是因为他连一条狗都不如，他要靠家里供他吃穿，但是他什么回报也没有，狗吃了人给的东西还会摇尾巴，蔡那却只会对着你傻笑。如果说蔡这作为哥哥要抚养他，那她陈亚娟和蔡那可没有什么关系，她只是蔡这的老婆，蔡这不能因为自己是他的老婆而要求她也像他那样去对待蔡那，他看见脏兮兮的蔡那就恶心，但她每天都必须要和他在同一张桌子上吃饭，想到这一点，她的心里就不平衡，她承认自己对蔡那的态度一直很坏，但没办法，她一看见他就来气，就想骂人。

对陈亚娟的一番言论，蔡这恨不得立刻上前扇她两记响亮的耳光。不过他不会那样干，他知道那样干的结果只能把陈亚娟变成一个真正的泼妇，他是一个要面子的人，他可不愿意家丑外扬而被邻里们取笑。所以他虽然常常被陈亚娟气得牙痒痒，但结婚这么多年，他对陈亚娟的发火并没有突破呵斥的界线，这一方面可以看出蔡这是个自控力很强的人，另一方面也可以看出他骨子的懦弱和平庸。

蔡家的吵架就像一盘回锅肉隔三差五就要端上来一次，它那焦糊而腻味的气息弥漫在空气里，使屋里的每一个人都感到呼吸不畅。蔡这九岁的儿子蔡小陈晚上常常都要梦哭，所说胡话的内容都是对父母争吵的恐惧，这并不出人意料，家庭氛围当然会对孩子的行为产生潜移默化的影响。蔡小陈喜欢踢足球，他在户外活动的时候基本上是个正常的孩子，跑步的速度很快，有飞鸟之称，踢球的步伐也很娴熟，是个不错的前锋。但他的功课不太好，语文尤其不好，作文中"的地得"都区分不开。坐在课堂前常常出神，一副傻乎乎的模样，与球场上反应灵活的他判若两人。没有人知道他在想什么，他的脸上写着淡淡的哀愁，让人觉得这是个自卑的孩子。

除了踢足球外，蔡小陈与同学们交往并不多，放学之后他总是一个人形单影只地回家，只有在有足球踢的时候才是例外，他会在操场上放肆地撒野，展露出男孩子天真的秉性，直到夜色把周围浸没，他才抱着心爱的足球踏上归程。

蔡小陈回家有一条必经之路，蔡那每天都会在马路的拐角处等他。他们叔侄俩关系一直很好。他们汇合后就一起沿着泡桐街²往回走，但是蔡小陈并不愿让同学们看到这个情景，因为这是他放学后离群孤行的真相。

蔡那在岔路口学交通警指挥交通对蔡小陈来说并不是秘密，在蔡这知道此事之前大约十天，蔡小陈就在一次放学途中看见过他的叔叔在东四路口做着疏导车流的姿势。当时，他真的吓了一跳，他怀着侥幸的心理想，但愿这不过只是傻叔叔的一次心血来潮，然而以后一连几天他都看见了在马路上比划手势的蔡那，他才知道傻叔叔爱上了交通警的工作了。他没把这件事及时告诉爸爸，他知道爸爸听说后一定会非常担心；他也没把这件

2.泡桐街：街道的名字。

事及时告诉妈妈，他不喜欢妈妈流露出来的那种不屑一顾的神色，但是他知道即使自己不说，事情也瞒不了多久。他的猜测没有错，这一天他抱着足球进家门，就看见了爸爸正在对傻叔叔进行盘问，从爸爸说话的内容中可以听出，他已经知道了傻叔叔的这件事。看得出爸爸的情绪很不平静，他因为弟弟在马路上丢人现眼而感到羞愧，而站在竹帘旁边的妈妈，一如蔡小陈所料到的那样，斜眼看着八仙桌两侧的哥俩，摆出一副嗤之以鼻的腔调。

过了几天，蔡这和陈亚娟在居委会马阿姨的陪同下去了一次街道办事处，马阿姨认识的一个马脸男人接待了他们，因为马阿姨事先已经说明了蔡氏夫妇拜访的目的，所以他们短暂寒暄后马上切入了正题。

马脸男人说，马阿姨说你们想开一个小店，资金落实了吗？

蔡这说，钱呢东拼西凑弄了一点，现在一个是找门面，一个是申请执照，都还没有着落，所以想请金科长帮帮忙。

马脸男人说，门面呢问题倒不是很大，最近街道准备在码头口造一排简易商品房，下个月就动工，估计一个月就能造好，目的就是为你们这样的居民提供一个就业的岗位，租金呢也不贵，马阿姨是我们家老邻居，她介绍来的人我一定帮忙的。我可以给你们打个招呼，费用上再适当优惠一点。

陈亚娟忙凑上来说，谢谢，谢谢金科长。以后我们生意好了不会忘记您的好处的，可是有了门面，我们还差一张执照，我们总不能<u>无证经营</u>吧。

马脸男人说，这件事有点麻烦，马阿姨对我说你是有单位的，不过是下岗，没有正式与工厂<u>脱钩</u>，按照政策，像你这种情况是不能申请营业执照的，不过办法还是有一个，你可以用别人的名义领一个执照，生意还是你做，退休的也可以，比方说你的公婆或者爸爸妈妈，反正是一家人，你也不用担心什么。

陈亚娟露出为难的表情，说，办法好是好，不过我的公婆已经不在了，爸爸在我小的时候就死了，老娘倒是还在，但是住在苏州我弟弟家，户口不在本市。

马脸男人说，那就比较麻烦了，你家还有什么人？

陈亚娟说，还有我男人的弟弟也和我们住在一块。

马脸男人说，那他有工作吗？

陈亚娟说，工作倒没有，不过他是个<u>白痴</u>。

蔡这的火气一下子又冒了上来，冲着陈亚娟说，你才是白痴呢，金科长，我弟弟是不太聪明，但他不是白痴，他只是反应比较<u>迟钝</u>一点。

马脸男人说，既然这样，你们只有这一个选择了，你们回去和……对了，他叫什么名字？蔡那。好，那就和蔡那商量一下，看是不是能用他的名义领一个执照，如果他同意了，我在工商局有一个同学，到时我可以给你们介绍一下，让他给办得快一点。

蔡这和陈亚娟向马脸男人道谢后告辞出来，马阿姨对他们说，金科长给你们指了一条路，你们回去以后就加紧办吧。

蔡这说，马阿姨，像我弟弟这种情况可以办理执照吗？

马阿姨说，这我也说不准，看样子玄。不过金科长既然已经说工商局有熟人，估计总有办法，不过你们得加紧办，省得夜长梦多。

和马阿姨分手后，陈亚娟对蔡这说，你看这事该怎么办？

蔡这说，你平时对蔡那那么不好，他绝不会给你办执照。

陈亚娟说，要不我们就直接绕过蔡那把执照给办出来，反正他是一个白痴，也不明白是怎么回事。

蔡这说，你再说我弟弟是白痴，我他妈就不管这事了。

陈亚娟说，好，我不说他，那绕开他办执照总可以吧。

蔡这说，那怎么行，他是我弟弟，我当哥哥的怎么能干这种事。

陈亚娟说，那总不能让我去求他吧。

蔡这说，为什么不能，你陈亚娟也有今天，也有求我弟弟的一天，想想你平时都是怎么对待他的，这正是让你知道做人的道理啊。

陈亚娟说，反正我绝对不会去求他的，我跟他有什么好说的，我大不了不开这个店，我就不相信真能把我饿死。

话虽然这么说，陈亚娟知道她的这个店是不能不开的，以后的几天，她对待蔡那的态度不知不觉中有微妙的变化，虽然看蔡那的眼神依然冷若冰霜，但有一点，她不再骂蔡那了。不过，她也真的没去和蔡那说办执照的事，她继续和蔡这磨，她要让蔡这和蔡那说，她最后还是成功了，畏惧纠缠的蔡这终于在三天之后松了口，允诺由他出面去和蔡那说。

我是看你这几天对蔡那还可以，否则我绝不会答应的。蔡这说。

但是蔡这没有想到蔡那竟一口拒绝了他，他刚把意图说明，蔡那立刻就把头摇得像波浪鼓一样。

我不会给陈亚娟办执照的。蔡那说。

我保证以后她不会再骂你了，你就看哥哥的面子上帮她这一次吧。蔡这说。

我不肯，她前几天还在骂我让车子早点撞死。蔡那说。

可是，这个小店不是陈亚娟一个人的，这个小店是全家的，如果不把它开出来，家里这日子就没法过了。蔡这说。

蔡那没言语，这时刚巧陈亚娟提着一瓶酱油破门而入，哥俩的对话就没有再进行下去。

第二天蔡小陈放学后踢完球回家走到东四路口，他四周环顾了一下没看到蔡那。于是他停顿了一下，向对面的围墙走去，那儿有一小块茂密的小林子，他走到马路中间时看到蔡那从小林子里一晃而出。蔡小陈立刻奇怪地笑了，他知道傻叔叔在那儿干了什么。蔡那看见蔡小陈也笑了。他在一只石墩上坐下来，等蔡小陈走到跟前，蔡那把屁股朝边上挪了挪，蔡小陈就在他的身边坐下，两个人看着黄昏中穿梭不息的车流，像一对收工以后蹲在田埂上的农民，自得其乐。

蔡小陈说，今天我踢进了六个球。

蔡那说，好，踢进六个球好。

蔡小陈说，你不肯帮我妈妈办执照是对的，谁叫她平时那样对待你。

蔡那说，她骂我让车子早点撞死。

蔡小陈说，她不应该说这种话，我讨厌她骂你，真的，她不应该那么骂你。

蔡那说，她骂我，她喜欢骂我。

蔡小陈说，你恨她吗？

蔡那说，嗯。

蔡小陈说，我也不喜欢她，她老跟爸爸吵架，我搞不懂她为什么老爱跟爸爸吵架呢。

蔡那说，因为哥哥从来不打她。

蔡小陈吃惊地看着他的傻叔叔，这句话从蔡那口中说出来确实有点出人意料。

蔡那说，哥哥让我帮她开执照，哥哥的话我还是要听的。

蔡小陈说，可是这样去开执照你心里不开心。

蔡那说，嗯。

蔡小陈说，那样的话我心里也不开心，我们最好也让她不开心，我有办法了，你回去对我爸爸说，你同意办理执照，但有一个条件，让我妈妈也到马路上去指挥一次红绿灯，那样她以后就不会再骂你给车子撞死了。

蔡那开心地笑了，他眯起了眼睛，似乎对蔡小陈的构想充满了神往。他站了起来，朝家里的方向走去，蔡小陈跟在他后面，听到他在唱：向前进，向前进，战士的责任重，妇女的冤仇深……

蔡小陈知道，这是傻叔叔最爱唱的一首歌，也是惟一能把歌词唱全的一首歌。

然而关于这首歌，蔡小陈也有不知道的一面，他刚出生的时候，那蔡那经常坐在摇床边用这首歌来哄他睡觉，当然它的效果适得其反，它只能把褪褓中的蔡小陈吓得哇哇哇哇地大哭起来。

词汇

板凳	bǎndèng	*n* wooden bench
数落	shǔluo	*v* to criticize severely
晦气	huìqì	*adj* sad; grieved; distressed
乜斜	miēxie	*v* to look askance; to squint
掀开	xiānkāi	*vr* to lift (cover etc.)
竹帘	zhúlián	*n* bamboo curtain
径自	jìngzì	*adv* without asking permission
和颜悦色	héyányuèsè	*adp* (to speak with) amiable manner
忒	tuī	*adj* too much, excessive; *adv* excessively
憋死	biēsǐ	*vr* to suffocate to death

折磨	zhémo	*v* to torment
居委会	jūwěihuì	*n* neighborhood committee
指挥	zhǐhuī	*v* to direct; to conduct
捧	pěng	*v* to hold in both hands
傻瓜	shǎguā	*n* fool
狠狠	hěnhěn	*adv* ruthlessly; ferociously
瞪	dèng	*v* to stare at
操你妈	càonǐmā	*vo* (口语) to fuck your mother
面孔	miànkǒng	*n* face
凑	còu	*v* to move close to; to press near
权利	quánlì	*n* right; privilege
八仙桌	Bāxiānzhuō	*n* Eight Immortals Table (a square table that seats eight people)
嫂	sǎo	*n* elder brother's wife
撒尿	sā'niào	*vo* (口语) to piss; to pee
莫名	mòmíng	*adj* impossible to explain/express
哀伤	āishāng	*adj* sad; grieved; distressed
席卷	xíjuǎn	*v* to take away everything; to sweep across
呆滞	dāizhì	*adj* sluggish; dull; idle
虚幻	xūhuàn	*adj* illusory; unreal
同胞	tóngbāo	*n* offspring of same parents
手足	shǒuzú	*n* brothers (hand and foot)
愚昧	yúmèi	*adj* ignorant
告诫	gàojiè	*v* to warn; to admonish
自尊心	zìzūnxīn	*n* self-respect
思维	sīwéi	*n* thought; thinking

缺陷	quēxiàn	*n* defect; disability
争执	zhēngzhí	*n* disagreement; *v* to argue
中断	zhōngduàn	*v* to break off; to discontinue
竭力	jiélì	*adv* to do one's utmost
捍卫	hànwèi	*v* to defend; to guard/protect
人格	rén'gé	*n* character
尊严	zūnyán	*adj* dignity; honor
歧视	qíshì	*n* discrimination; *v* to discriminate against
丝毫	sīháo	*adj* in the slightest amount/degree
压根儿	yàgēner	*adv* (口语) absolutely (not); (not) at all; from the start
勤快	qínkuai	*adj* (口语) diligent and conscientious
掏	tāo	*v* to pull; to draw
抹布	mābù	*n* rag for wiping
破嘴	pòzuǐ	*n* foul mouth
模范	mófàn	*n* exemplary person; model
毁	huǐ	*v* to destroy; to ruin; to damage
效益	xiàoyì	*n* beneficial; efficiency
搬弄是非	bānnòngshìfēi	*vo* to instigate trouble
薄嘴唇	báozuǐchún	*np* thin lips (person who talks too much)
渐渐	jiànjiàn	*adv* gradually; little by little
得罪	dézui	*v* to offend; to displease
调离	diàolí	*v* to transfer
化验间	huàyànjiān	*n* laboratory
岗位	gǎngwèi	*n* post; position
褂	guà	*n* gown; Chinese-style unlined jacket

无济于事	wújìyúshì	*vp* be of no avail; no effect
嚼舌头	jiáoshétou	*vo* to gossip
碎嘴老妈子	suìzuǐlǎomāzi	*n* a garrulous old lady
滑坡	huápō	*v* to go down
下岗	xiàgǎng	*vo* to be laid off
挫折	cuòzhé	*n* setback
痛改前非	tònggǎiqiánfēi	*vo* to sincerely mend one's ways
唠叨	láodao	*v* (口语) to chatter; be garrulous
多动症	duōdòngzhèng	*n* Attention Deficit Disorder; hyperactivity
坚持	jiānchí	*v* to persist in; to insist on
贪说	tānshuō	*vo* have an insatiable desire for talking
贫嘴	pínzuǐ	*adj* garrulous; loquacious
顽疾	wánjí	*n* chronic disease; stubborn condition
胶布	jiāobù	*n* adhesive tape/plaster
封	fēng	*v* to seal
不切实际	bùqièshíjì	*ap* unrealistic; impractical
夸张	kuāzhāng	*v* to exaggerate; to overstate
承受	chéngshòu	*v* to bear; to endure
打消	dǎxiāo	*v* to give up; to dispel
付诸实施	fùzhūshíshī	*vp* to put into effect/practice
门面	ménmiàn	*n* shop front
启动资金	qǐdòngzījīn	*n* starting fund
维修工	wéixiūgōng	*n* maintenance worker; service worker
奢谈	shētán	*v* to extravagantly talk of
倍感疲惫	bèigǎnpíbèi	*vp* to feel twice as exhausted

技校	jìxiào	*n* technical school
东拼西凑	dōngpīnxīcòu	*vp* to scrape together
申办	shēnbàn	*v* to apply for
执照	zhízhào	*n* license; permit
资格	zīgé	*n* qualifications
在编	zàibiān	*vo* to be on the payroll
职工	zhígōng	*n* workers and staff members
拖	tuō	*v* to drag on; to delay
收敛	shōuliǎn	*v* to restrain oneself; to lessen
嫌弃	xiánqì	*v* to dislike and avoid
惧怕	jùpà	*v* to fear; to dread
蝎子	xiēzi	*n* scorpion
冷不防	lěngbufáng	*adv* unawares; suddenly
蜇	zhē	*v* to sting; to bite
所作所为	suǒzuòsuǒwéi	*np* action and behavior
破口大骂	pòkǒudàmà	*vp* to shout abuse
变态	biàntài	*adj* abnormal; *n* (生理) metamorphosis
劣性	lièxìng	*n* bad habits; nasty nature
指望	zhǐwàng	*v* to look to; to count on
养家糊口	yǎngjiāhúkǒu	*vp* to support one's family
存心	cúnxīn	*vo* to have certain intentions
碍着	àizhe	*v* to hamper; to obstruct; to be in the way of
有道是	yǒudàoshì	*vp* it's said that…
一物降一物	yīwùxiángyīwù	*id* everything has its nemesis
角色	juésè	*n* role; part

嚣张	xiāozhāng	*adj* arrogant; aggressive
气焰	qìyàn	*n* overbearing pride; fury
无影无踪	wúyǐngwúzōng	*vp* to vanish without a trace
屈服	qūfú	*v* to give in; to surrender
歪理十八条	wāilǐshíbātiáo	*np* a lot of twisted logic
吐沫星乱飞	tùmoxīngluànfēi	*vp* to spray spit (when talking)
回报	huíbào	*n* repay
摇尾巴	yáowěiba	*vo* to wag the tail (of dog)
抚养	fǔyǎng	*v* to raise; to support
脏兮兮	zāngxīxī	*adj* (口语) dirty
平衡	pínghéng	*n* balance
扇…耳光	shān…ěrguāng	*vo* to slap on the face; to box the ears
响亮	xiǎngliàng	*adj* loud and clear; resounding
泼妇	pōfù	*n* shrew; vixen
家丑外扬	jiāchǒuwàiyáng	*vp* to make public a family scandal; to air one's dirty laundry in public
牙痒痒	yáyǎngyǎng	*adj* gnashing teeth
突破	tūpò	*v* to make a breakthrough
呵斥	hēchì	*v* to berate; to excoriate
界线	jièxiàn	*n* boundary
自控力	zìkònglì	*n* self-control
懦弱	nuòruò	*adj* cowardly; weak
平庸	píngyōng	*adj* mediocre
回锅肉	huíguōròu	*n* twice-cooked pork
隔三差五	gésānchàwǔ	*adp* at intervals
焦糊	jiāohú	*adj* burned; scorched

腻味	nìwei	*adj* greasy (of food)
弥漫	mímàn	*v* to fill the air; to spread everywhere
畅	chàng	*adj* easy; pleasant; free
恐惧	kǒngjù	*v* to fear; to dread
潜移默化	qiǎnyímòhuà	*vp* to influence someone imperceptibly
稔熟	rěnshóu	*adj* ripe (of grain); skillful
前锋	qiánfēng	*n* forward
出神	chūshén	*vo* to be spellbound; to be lost in thought
判若两人	pànruòliǎngrén	*vp* different from what he used to be
哀愁	āichóu	*n* sad; sorrow
自卑	zìbēi	*adj* sense of inferiority; low self-esteem
形单影只	xíngdānyǐngzhī	*adp* extremely lonely; solitary
放肆	fàngsì	*adj* unbridled; wanton
撒野	sāyě	*vo* to behave atrociously/boorishly
展露	zhǎnlù	*v* to emerge
秉性	bǐngxìng	*n* temperament
浸没	jìnmò	*v* to soak; to drench
踏上归程	tàshàngguīchéng	*vo* to step on the return journey/road
拐角	guǎijiǎo	*n* corner
汇合	huìhé	*v* to join; to meet
离群孤行	líqún'gūxíng	*vp* to leave the group and act on one's own
真相	zhēnxiàng	*n* real/true situation; facts/truth
岔路口	chàlùkǒu	*n* crossing; intersection
秘密	mìmì	*n* secret
疏导	shūdǎo	*v* to dredge; to direct the flow of traffic

姿态	zītài	*n* bearing; manner
侥幸	jiǎoxìng	*adv* luckily; by luck
心血来潮	xīnxuèláicháo	*id* to be seized by a whim
比划手势	bǐhuàshǒushì	*vo* to make a gesture/sign
流露	liúlù	*v* to betray/reveal unintentionally
不屑一顾	bùxièyígù	*id* not even bother to take a glance
瞒	mán	*v* to deceive; to hide truth from
猜测	cāicè	*v* to guess; to surmise
盘问	pánwèn	*v* to cross-examine; to interrogate
现眼	xiànyǎn	*vo* (方言) to·lose face
斜眼	xiéyǎn	*v* cast a sidelong glance
嗤之以鼻	chīzhīyǐbí	*id* give a snort of contempt
腔调	qiāngdiào	*n* tune; tone of voice
马脸	mǎliǎn	*adj* horse-faced
拜访	bàifǎng	*v* to pay a visit
短暂	duǎnzàn	*adj* brief
寒暄	hánxuān	*v* to exchange greetings
切入	qièrù	*v* to get into; to enter
着落	zhuóluò	*n* result; outcome
码头	mǎtou	*n* dock; wharf
估计	gūjì	*v* to estimate
适当	shìdàng	*adj* suitable; proper
优惠	yōuhuì	*adj* preferential; favorable
无证经营	wúzhèngjīngyíng	*vp* to carry on a business without license/permit
脱钩	tuōgōu	*vo* to disconnect; to break off relations

白痴	báichī	*n* idiot
迟钝	chídùn	*adj* slow (thought/action)
加紧	jiājǐn	*v* to speed up; to intensify
玄	xuán	*adj* (口语) unreliable; incredible
省得	shěngde	*v* to avoid; to save (trouble etc.)
夜长梦多	yèchángmèngduō	*id* a long delay may mean trouble
绕过	ràoguò	*v* to go around; to bypass
大不了	dàbuliǎo	*adv* at the worst
微妙	wēimiào	*adj* delicate; subtle
依然	yīrán	*adv* still; as before
冷若冰霜	lěngruò bīngshuāng	*ap* aloof; look frosty
磨	mó	*v* to pester; to keep nagging
畏惧	wèijù	*v* to fear; to dread
纠缠	jiūchán	*v* to tangle
允诺	yǔnnuò	*v* to promise
拒绝	jùjué	*v* to refuse; to reject
意图	yìtú	*n* intention
波浪鼓	bōlanggǔ	*n* rattle-drum
撞死	zhuàngsǐ	*vr* to be hit and killed (eg., by a car)
酱油	jiàngyóu	*n* soy sauce
破门而入	pòmén'érrù	*vp* to burst/force open the door; to barge in
环顾	huángù	*v* to look round
停顿	tíngdùn	*v* to stop short; to pause; to halt
茂密	màomì	*adj* dense; thick (of vegetation)
一晃	yīhuàng	*v* to flash past

石墩	shídūn	*n* block of stone used as seat
挪了挪	nuólenuó	*vp* to move over a little
黄昏	huánghūn	*n* dusk
川梭不息	chuānsuōbùxī	*vp* to shuttle/move back and forth continuously
田埂	tiángěng	*n* ridges between fields
自得其乐	zìdéqílè	*vp* to be content with one's lot
眯起	mīqǐ	*v* to squint
构想	gòuxiǎng	*n* proposition; idea; concept
神往	shénwǎng	*v* to be rapt/charmed
冤仇	yuānchóu	*n* rancor; enmity
摇床	yáochuáng	*n* cradle
适得其反	shìdéqífǎn	*vp* to turn out to be just the opposite of what one intended
襁褓	qiǎngbǎo	*n* swaddling clothes
哇哇	wāwā	*on* sound of crying

词语例句

居然＝竟然; unexpectedly; to one's surprise

★ 你居然为了一个傻瓜骂我。

1. 你居然连这么简单的事都不会做！

2. 他居然打人！他不怕你到法院去告他吗？

使 = to make

★ 蔡这竭力捍卫弟弟人格的尊严，但却没能使陈亚娟对蔡那的歧视有丝毫改变。

1. 他没有跟我商量就把车借给了别人，这使我有点儿不高兴。

2. 父母之间的争吵常使孩子感到紧张和缺乏安全感。

若不是＝要不是; if it is not...then...

★ 若不是她那张像抹布一样的破嘴，她差不多够得上是模范主妇了。

1. 若不是你提醒我，我恐怕早就把这件事情忘得一干二净了。

2. 若不是因为孩子，这对夫妻恐怕早就离婚了。

之所以…是因为…＝ ...is because...

★ 陈亚娟说，自己之所以讨厌蔡那，是因为他连一条狗都不如。

1. 我昨晚之所以没给你打电话，是因为我回去太晚了，怕打搅你休息。

2. 现在工作之所以这么难找，是因为经济不好。

基本上＝ basically; on the whole

★ 他在户外活动的时候基本上是个正常的孩子。

1. 我想说的基本上都说了，你还有什么意见？

2. 大家的看法基本上一致。

尤其＝ especially; particularly

★ 他的功课不太好，语文尤其不好。

1. 我喜欢吃川菜，尤其是麻婆豆腐。

2. 北京的街道上自行车很多，上下班的时候尤其多。

但愿＝ if only; I wish

★ 他怀着侥幸的心理想，但愿这不过是傻叔叔的一次心血来潮。

1. 买这件礼物花了我半天的时间，但愿他喜欢。

2. 父母为了培养你不知花了多少心血，但愿你不要辜负他们的期望。

进行 = carry on; carry out; conduct

　★ 爸爸正在对傻叔叔进行盘问。

1. 今天下午我们要对这个问题进行讨论。
2. 警察局正在对这个案子进行调查。

讨论题

根据小说内容回答下列问题：

1. 蔡这常常为什么事跟妻子陈亚娟发生争执？
2. 陈亚娟为什么歧视蔡这的弟弟蔡那？
3. 陈亚娟为什么比别人早下岗、在求职上也不顺利？
4. 父母常吵架，使得家庭气氛很紧张。这对蔡小陈有什么样的影响？
5. 蔡小陈跟傻叔叔蔡那的关系怎么样？
6. 陈亚娟为什么需要请蔡那帮忙？
7. 当蔡这替陈亚娟为办执照的事向蔡那请求时，蔡那说什么？
8. 蔡小陈跟蔡那在小说结尾处的一段对话很有意思。这段对话说明了什么？

请进一步思考和讨论以下问题：

1. 这个故事跟余华的《我没有自己的名字》都揭露了对弱智人的歧视。两个故事有什么相同之处？有什么不同的地方？

2. 小说中的蔡那是个弱智人，却心里明白谁对他好谁对他不好。相比之下，智力正常的陈亚娟却因不尊重别人的人格和感情而受到丈夫、小叔子、儿子的蔑视。作者通过二人的对比，向读者提出了一个什么问题？

3. 这篇小说从多方面反映了当今中国社会出现的一些问题和现象。比方说：下岗失业，个体户的兴起，经济体制的改革对家庭生活和人与人之间关系的影响等等。请就这些问题进一步展开讨论。

哺乳期的女人
Breastfeeding Woman

毕飞宇 *Bi Feiyu*

毕飞宇，1964年1月出生于江苏兴化。1987年毕业于扬州师范学院中文系。毕业后曾在南京特教师范学校，南京日报社工作。1999年加入中国作家协会。

毕飞宇80年代后期开始小说创作，主要作品有长篇小说《上海往事》、《那个夏天，那个秋天》，小说集《慌乱的指头》、《祖宗》等。短篇小说《哺乳期的女人》获首届鲁迅文学奖。

《哺乳期的女人》刊登于鲁迅文学奖获奖作品丛书：短篇小说（1995—1996年）。故事通过一个小男孩"旺旺"的遭遇表现了社会商业化给中国传统的家庭关系带来的变化，同时也揭露出一些旧观念对人们的影响和束缚。

Bi Feiyu was born in Xinghua, Jiangsu, in January 1964. After graduating from Yangzhou Teachers College in 1984 with a degree in Chinese language and literature, he worked at the Nanjing School of Special Education and *Nanjing Daily*. He joined the Chinese Writers Association in 1999.

Bi began to write fiction in the late 1980s. Representative works include his novels *Recollections of the Past in Shanghai* and *That Summer, That Autumn* and the short story collections *Panic Fingers* and *Ancestors*. His short story "Breastfeeding Woman" received a Lu Xun Literature Prize.

"Breastfeeding Woman," included in the collection of Lu Xun Literature Prize-winning short stories for 1995-96, recounts the misfortunes of a little boy, Wangwang. The story reflects changing family relations in a commercializing society and reveals how old ideas negatively influence and bind people.

◆

旺旺家和慧嫂家对门。中间<u>隔</u>了一道石巷，慧嫂家<u>傍山</u>，是一座二三十米高的<u>土丘</u>；旺旺家<u>依水</u>，就是那条夹河。旺旺是一个七岁的男孩，其实他不叫旺旺。但是旺旺的手上整天都要提一带旺旺[1]饼干或旺旺雪饼，大家就喊他旺旺，旺旺的爷爷也这么叫他，又<u>顺口</u>又喜气。旺旺一生下来就跟了爷爷了。他的爸爸妈妈在一条<u>拖挂船</u>上跑<u>运输</u>，挣了不少的钱，已经在县城里给旺旺买了一个户口。旺旺的妈妈说，他们挣的钱才够旺旺读大学，等到旺旺买房、取亲的钱都挣回来，他们就回老家，开一个<u>酱油铺子</u>。他们这刻正<u>四处漂泊</u>，家乡早就不是断桥镇了，而是水，或者说是水路。断桥镇在他们的记忆中越来越<u>概念化</u>了，只是一行字，只是<u>汇款单</u>上<u>遥远</u>的收款地址。

旺旺没事的时候坐在自家的石<u>门槛</u>上看行人。手里提了一袋旺旺饼干或旺旺雪饼。旺旺的父亲在汇款单左侧的纸片上<u>关照</u>的，"每天一袋旺旺"。旺旺坐在门槛上刚好替慧嫂看杂货铺。慧嫂家的底楼其实就是一个铺子。有人来了旺旺便尖叫。旺旺一叫慧嫂就从后头笑嘻嘻地走了出来。

慧嫂原来也在外头，1996年的开春才回到断桥镇。慧嫂回家是生孩子的，生了一个男孩，还在吃奶。旺旺

本文对原作做了一些删节。

1.旺旺：是一种饼干的商标。

的妈天生就没有奶汁。旺旺街他妈的奶头只有一次，吮不出内容，妈妈就叫疼，旺旺生下来不久就让妈妈送到奶奶这边来了，那时候奶奶还没有埋到后山去。同时送来的还有一只明亮的不锈钢碗和不锈钢调羹。奶奶把乳糕、牛奶、亨氏[2]营养奶糊、鸡蛋黄、豆粉盛在不锈钢碗里，再用明亮的不锈钢调羹一点一点送到旺旺的嘴巴里。吃完了旺旺便笑，奶奶便用不锈钢调羹击打着不锈钢空碗，发出悦耳冰凉的工业品声响。奶奶说："这是什么？这是你妈妈的奶子。"旺旺长得结结实实的，用奶奶的话说，比拱奶头拱出来的孩子还要硬挣。不过旺旺的爷爷倒是常说，现在的女人不行的，没水分，肚子让国家计划了，奶子总不该跟着瞎计划的。这时候奶奶总是对旺旺说，你老子吃我吃到五岁呢。吃到五岁呢。既像为自己骄傲又像替儿子高兴。

　　不过慧嫂是例外。慧嫂的脸、眼、唇、手臂、和小腿都给人圆嘟嘟的印象。矮墩墩胖乎乎的，又浑厚又溜圆。慧嫂面如满月，健康，亲切，见了人就笑，笑起来脸很光润，两只细小的酒窝便会在下唇的两侧窝出来，有一种产后的充盈与产后的幸福，通身笼罩了乳汁的芬芳。慧嫂的乳房健硕巨大，在衬衣的背后分外醒目，而乳汁也就源远流长了，给人一种取之不尽用之不竭的印象，慧嫂给孩子喂奶格外动人，她总是坐到铺子的外侧来，慧嫂不解扣子，直接把衬衣撩上去，把儿子的头搁到肘弯里，然后将身子靠过去。等儿子衔住了才把上身

---

2. 亨氏：是一种奶糊的商标。

直起来。慧嫂喂奶总是把脖子倾得很长，抚弄儿子的小指甲或小耳垂，弄住了便不放了。有人来买东西，慧嫂就说："自己拿。"要找钱，慧嫂也说："自己拿。"旺旺一直留意慧嫂喂奶的美好静态，慧嫂的乳房因乳水的肿胀洋溢出过分的母性，天蓝色的血管隐藏在表层下面。旺旺坚信慧嫂的奶水就是天蓝色的，温暖却清凉。慧嫂的儿子吃奶时总要用一只手抚住妈妈的乳房，那只手又干净又娇嫩，抚在乳房的外侧，在阳光下不像是被照耀，而是乳房和手自己就会放射出阳光来，有一种半透明的晶莹效果，近乎圣洁，近乎妖娆。慧嫂喂奶从来不避讳什么，事实上，断桥镇除了老人孩子以外只剩下几个中年妇女了。慧嫂的无遮无拦给旺旺带来了企盼与忧伤。旺旺被奶香缠绕住了，忧伤如奶香一样无力，如奶香一样不绝如缕。

　　慧嫂做梦也没有想到旺旺会做出这种事情来。慧嫂坐在石门槛上给孩子喂奶，旺旺坐在对面隔了一条青石巷。慧嫂的儿子只吃了一只奶子就饱了，慧嫂把另一只送过去，她的儿子竟让开了，嘴里吐出奶的泡沫。但是慧嫂的这只乳房胀得厉害，便决定挤掉一些，慧嫂侧身站到墙边，双手握住了自己的奶子，用力一挤，奶水就喷涌出来了，一条线，带了一道弧线。旺旺一直注视着慧嫂的举动。旺旺看见那白色的乳汁喷在墙上，被墙的青砖汲干净了。旺旺闻到了那股奶香，在青石巷十分温暖十分慈祥地四处弥漫。旺旺悄悄走到对面去，躲在墙的拐角。慧嫂挤完了又把儿子抱到腿上来，孩子在哼叽着，慧嫂又把衬衣撩上去。但孩子不肯吃，只是拍着妈妈的乳房和自己玩，嘴里说一些单调的听不懂的声音。慧嫂一点都没有留神旺旺已经过来了。旺旺拨开婴孩的手，埋下脑袋对准慧嫂的乳房就是一口。咬住了不放，慧嫂的一声尖叫在中午的青石巷里又突兀又悠长，把半个断桥镇都给吵醒了。要不是这一声尖叫旺旺肯定还是不肯松口的。旺旺没有跑，他半张着嘴巴，表情又愣又傻。旺旺看见慧嫂的左乳房上印上了一对半圆形的牙印与血痕，慧嫂回过神来，还没来得及安抚惊啼的孩子，左邻右舍就来人了。慧嫂又疼又羞，责怪旺旺说："旺旺，你要死了。"

旺旺的举动在当天下午便传遍断桥镇。这个没有报纸的小镇到处在口播这条当日新闻。人们的话题自然集中在性上头，只是没有挑明了说。人们说："要死了，小东西才七岁就这样了。"人们说："断桥镇的大人也没有这么流氓过。"当然，人们的心情并不沉重，是愉快的，新奇的。人们都知道慧嫂的奶子让旺旺咬了，有人就拿慧嫂开心，在她的背后高声叫喊电视上的那句广告词，说："慧嫂，大家都'旺'一下。"这句话很逗人，大伙都笑，慧嫂也笑。但是慧嫂的婆婆并不开心，拉了一张脸走出来说："水开了。"

旺旺爷知道下午的事是在晚饭之后，尽管家里只有爷孙两个，爷爷每天还要做三顿饭，每顿饭都要亲手给旺旺喂下去。那只不锈钢碗和不锈钢调羹和昔日一样明亮，看不出磨损与锈蚀。爷爷上了岁数，牙掉了，那根老舌头也就没人管了，越发无法无天，唠叨起来没完。往旺旺的嘴里喂一口就要唠叨一句，"张开嘴唇，闭上嘴嚼，吃完了上床睡大觉。""一口蛋，一口肉，长大了挣钱不发愁。"诸如此类，都是他自编的顺口溜。但是旺旺今天不肯吃，调羹从右边喂过来他让到左边去，从左边来了又让到右边去。爷爷说："蛋也不吃，肉也不咬，将来怎么挣钞票？"旺旺的眼睛一直盯住慧嫂家那边。慧嫂家的铺子里有许多食品。爷爷问："想要什么？"旺旺不开口，爷爷说："德芙[3]巧克力？"爷爷说："亲亲八宝粥[4]？"旺旺不开口，亲亲八宝粥旁边是澳洲全脂粉[5]，爷爷说："想吃奶？"旺旺回过头，泪汪汪地正视爷爷。爷爷知道孙子想吃奶，到对门去买了一袋，用水冲了，端到旺旺的面前来。说："旺旺吃奶了。"旺旺咬住不锈钢调羹，吐在了地上，顺手便把那只不锈钢碗也打翻了。不锈钢在石头地面活蹦乱跳，发出冰凉的金属声响。爷爷向旺旺的腮边伸出巴掌，大声说："捡起来！"旺旺不动，像一块咸鱼，翻了一下白眼，爷爷把巴掌举高了，说："捡不捡？"又高了，说："捡不捡？"爷爷的巴掌举得越高，离旺旺也就越远，爷爷放下巴掌，说："小祖宗，捡呀！"

是爷爷自己把不锈钢餐具捡起来了。爷爷说："你怎么能扔这个？你就是这个喂大的，这可是你的奶水，你还扔不扔？啊，扔不扔？……还有七个月就过年了，

3.德芙：是一种巧克力糖的商标。

4.亲亲八宝粥：是一种罐装的甜粥。粥里有花生、红枣、红豆等八种干果。

5.澳洲全脂粉：从澳大利亚进口的全脂奶粉。

你看我不告诉你爸妈！"按照生活常规，晚饭过后，旺旺爷到南门屋檐下的石码头上去洗碗。隔壁的刘三爷在洗衣裳。刘三爷一见到旺旺爷便笑，笑得很鬼。刘三爷说："旺爷，你家的旺旺吃人家慧嫂的豆腐，是你教的吧？"旺旺爷听不明白，但从刘三爷的皱纹里看到了七拐八弯的东西。刘三爷瞟他一眼，小声说："你孙子下午把慧嫂的奶子啮了，出血啦！"

旺旺爷明白过来脑子里轰隆地一声。可了不得了。这还了得？旺旺爷转过身操起扫帚，倒过来握在手上，掀起旺旺冲了屁股就是三四下，小东西没有哭，泪水汪了一眼，掉下来一颗，又汪开来，又掉。他的泪无声无息，有一种出格的疼痛和出格的悲伤。这种哭法让人心软，叫大人再也下不了手。旺旺爷丢了扫帚，厉声诘问说："谁教你的？是哪一个畜牲教你的？"旺旺不语。旺旺低下头泪珠一大颗一大颗往下丢。旺旺爷长叹一口气，说："反正还有七个月就过年了。"

旺旺的爸爸妈妈每年只回断桥镇一次。一次六天，也就是大年三十到正月初五。旺旺的妈妈每次见旺旺之前都预备了好多激情，一见到旺旺又是抱又是亲。旺旺总有些生分，好多举动一下子不太做得出。这样一来旺旺被妈妈搂着就有些受罪的样子，被妈妈摆弄过来又摆弄过去。有些疼。有些别扭。有些需要拒绝和挣扎的地方。后来爸爸妈妈就会取出许多好玩的好吃的，都是与电视广告几乎同步的好东西，花花绿绿一大堆，旺旺这时候就会幸福，楞头楞脑地把肚子吃坏掉。旺旺总在初三或者初四开始熟悉和喜欢他的爸爸和妈妈，喜欢他们的声音，气味。一喜欢便想把自己全部依赖过去，但是每一次他刚刚依赖过去他们就突然消失了。旺旺总是扑空，总是落不到实处。这种坏感觉旺旺还没有学会用一句完整的话把它们说出来。旺旺就不说。初五的清晨他们肯定要走的。旺旺在初四的晚上往往睡得很迟，到了初五的早上就醒不来了，爸爸的大拖挂船就泊在镇东的阔大水面上。他们放下一条小舢舨沿着夹河一直划到自家的屋檐底下。走的时候当然也是这样，从窗棂上解下绳子，沿夹河划到东头，然后，拖挂船的粗重汽笛吼叫两声，他们的拖挂船就远去了。他们走远了太阳就会升起来。旺旺赶来的时候天上只有太阳，地上只有水。旺旺的瞳孔里头只剩下一个冬天的太阳，一汪冬天的水。太阳离开水面的时候总是搜着的，扯拉着的，有了痛楚和流血的症状。然后太阳就升高了，苍茫的水面成了金子与银子铺成的路。

由于旺旺的意外袭击，慧嫂喂奶自然要变得小心些了。慧嫂总是躲在柜台的后面，再解开上衣的第二个钮扣。但是接下来的两天慧嫂没有看见旺旺。原来天天在眼皮底下，不太留意，现在看不见，反而格外惹眼了。慧嫂中午见到旺旺爷，顺嘴说："旺爷，怎么看不见旺旺了？"旺旺的爷爷这几天一直羞于碰上慧嫂，就象刘三爷说的那样，要是慧嫂也以为旺旺那样是爷爷教的，那可要羞死一张老脸了。旺旺爷还是让慧嫂给堵住了，一双老眼也不敢看她。旺旺爷顺了嘴说："在医院里打吊针呢。"慧嫂说："怎么了？好好的怎么去打吊针了呢？"旺旺的爷说："发高烧，退不下去。"慧嫂说："你吓唬孩子了吧？"旺旺爷十分愧疚地说："不打不骂不成人。"慧嫂把孩子换到另一只手上，有些责怪，说："旺爷你说什么嘛？七岁的孩子，能做错什么？"旺旺爷说："不打不骂不成人。"慧嫂说："没有伤着我的，就破了一点皮，都好了。"这么一说旺旺爷又低下头去了，红了脸说："我从来都没有和他说过那些，从来没有。都是现在的电视教坏了。"慧嫂有些不高兴了，甚至有些难受，说话的口气重了："旺爷你都说了些什么嘛？"

旺旺出院后人瘦去一圈，眼睛大，眼皮也双了，嘎样子少了一些，都有点文静了。慧嫂说："旺旺都病得好看了。"旺旺回家后再也不坐在石门槛了，慧嫂猜得出是旺爷定下的新规矩，然而慧嫂知道旺旺躲在门缝的背后看自己喂奶，他的黑眼睛总是在某一个圆洞或木板的缝隙里忧伤地闪烁。旺旺爷不让旺旺和慧嫂有任何靠近，这让慧嫂有一种说不出来的难受。旺旺因此而越发鬼祟，越发像幽灵一样无声游荡了。慧嫂有一回抱了孩子给旺旺送几块水果糖过来，慧嫂替他儿子奶声奶气地说："旺旺哥呢？我们请旺旺哥吃奶糖。"旺旺一见到慧嫂便藏到楼梯的背后去了。爷爷把慧嫂拦住说："不能这样没规矩。"慧嫂被拦在门外，脸上有些挂不住，都忘了学儿子说话了，说"就几块糖嘛。"旺爷唬了脸说："不能这样没规矩。"慧嫂临走前回头看了一眼旺旺，旺旺的眼神让所有当妈妈的女人看了都心酸，慧嫂说："旺旺，过来。"爷爷说："旺旺！"慧嫂说：旺爷你这是干什么嘛！"但是旺旺在偷看，这个无声的秘密只有旺旺和慧嫂两个人明白。这样下去旺旺会疯掉的，要不就是慧嫂疯掉。

旺爷在午睡的时候也会打呼噜的。旺爷刚打上呼噜旺旺就逃到楼下来了。趴在木板上打量对面，旺旺就是在这天让慧嫂抓住的。慧嫂抓住他的腕弯，旺旺的脸给吓得脱去了颜色。慧嫂悄声说："别怕，跟我过来。"旺旺被慧嫂拖到杂货铺的后院。后院外面就是山坡，金色的阳光正照在坡面上，坡面是大片大片的绿，又茂盛又肥沃，油油的全是太阳的绿色反光。旺旺喘着粗气，有些害怕，被那阵奶香裹住了，慧嫂蹲下身子，撩起上衣，巨大浑圆的乳房明白无误地呈现在旺旺的面前。旺旺被那股气味弄得心碎，那是气味的母亲，气味的至高无上。慧嫂摸着旺旺的头上，轻声说："吃吧，吃。"旺旺不敢动。那只让他牵魂的母亲和他近在咫尺，就在鼻尖底下，伸手可及。旺旺抬起头来，一抬头就汪了满眼泪，脸上又羞愧又惶恐。慧嫂说："是我，你吃我，吃。……别咬，衔住了，慢慢吸。"旺旺把头靠过来，两只小手慢慢抬起来了，抱向了慧嫂的右乳。但旺旺的双手在最后的关头却停住了。万分委屈地说："我不。我不。"

慧嫂说："傻孩子，弟弟吃不完的。"

旺旺流出了泪，他的泪在阳光底下发出六角形的光芒，有一种烁人的模样。旺旺盯住慧嫂的乳房拖了哭腔说："我不，不是我妈妈！"旺旺丢下这句没头没脑的话回头就跑了。慧嫂拽下上衣，跟出去，大声喊："旺旺，旺旺……"旺旺逃回家，反闩上门，整个过程在幽静的正午显得惊天动地。慧嫂的声音几乎变成了哭腔。她的手拍在门上，失声喊道："旺旺！"

旺旺的家里没有声音。过了一刻旺爷的鼾声就中止了。响起了急促的下楼声。再过了一会儿，屋里发出了另一种声音，是一把尺子抽在肉上的闷响，慧嫂站在原处，伤心地喊："旺爷，旺爷！"

又围过来许多人。人们看见慧嫂拍门的样子就知道旺旺这小东西又"出事了"。有人沉重地说："这小东西，好不了啦。"

慧嫂回过头来。她的泪水泛起了一脸青光像母兽。有些惊人。慧嫂凶悍异常地吼道："你们走！走……！你们知道什么？"

词汇

隔	gé	*v* to separate
傍山	bàngshān	*vo* to be situated at the foot of a hill/mountain
土丘	tǔqiū	*n* hillock
依水	yīshuǐ	*vo* to be situated beside a stream
顺口	shùnkǒu	*adj* easy to say
拖挂船	tuōguà chuán	*n* tugboat
运输	yùnshū	*n* transportation business

酱油	jiàngyóu	*n* soy sauce
铺子	pùzi	*n* shop
四处漂泊	sìchùpiāobó	*vp* to drift everywhere; to drift all over
概念化	gàiniàn huà	*n* in abstract terms
汇款单	huìkuǎn dān	*n* money order
遥远	yáoyuǎn	*adj* faraway
门槛	ménkǎn	*n* threshold
关照	guānzhào	*v* to notify by words
衔	xián	*v* to hold in the mouth
吮	shǔn	*v* to suck
不锈钢	bùxiùgāng	*n* stainless steel
调羹	tiáogēng	*n* spoon
乳糕	rǔgāo	*n* baby food made of rice-flour, sugar and powdered milk
营养奶糊	yíngyǎngnǎihú	*n* a nutritious paste made of milk/dairy products
盛	chéng	*v* to fill; to ladle
悦耳	yuè'ěr	*adj* sweet-sounding
拱	gǒng	*v* to dig with the snout
硬挣	yìngzheng	*adj* strong
瞎	xiā	*adv* groundlessly; foolishly
老子	lǎozi	*n* (口语) father
例外	lìwài	*n* exception
圆嘟嘟	yuándūdū	*adj* pudgy; dumpy
矮墩墩	ǎidūndūn	*adj* pudgy; dumpy
浑厚	húnhòu	*adj* simple and honest

溜圆	liūyuán	*adj* perfectly round
面如满月	miànrúmǎnyuè	*vp* face like a full moon
光润	guāngrun	*adj* smooth and glossy
酒窝	jiǔwō	*n* dimple
充盈	chōngyíng	*adj* plentiful; full
笼罩	lǒngzhào	*v* to envelop; to shroud
芬芳	fēnfāng	*adj* fragrant
乳房	rǔfáng	*n* breast
健硕	jiànshuò	*adj* strong and big
分外醒目	fēnwàixǐngmù	*ap* especially eye-catching
源远流长	yuányuǎn liúcháng	*vp* long-standing and well-established
取之不尽 用之不竭	qǔzhībújìn yòngzhībùjié	*id* inexhaustible
喂	wèi	*v* to feed
格外	géwài	*adv* especially
撩	liāo	*v* to lift; to hold up
搁	gē	*v* to put
肘弯	zhǒuwān	*n* elbow joint
倾	qīng	*v* to incline and stretch/extend
抚弄	fǔnòng	*v* to fondle
指甲	zhǐjia	*n* fingernail
耳垂	ěrchuí	*n* earlobe
留意	liúyì	*v* to pay attention to; to look out
肿胀	zhǒngzhàng	*adj* swelling
洋溢	yángyì	*v* to be permeated with

隐藏	yǐncáng	*v* to hide
表层	biǎocéng	*n* surface/top layer
娇嫩	jiāonèn	*adj* tender and lovely
照耀	zhàoyào	*v* to shine; to illuminate
半透明	bàntòumíng	*adj* translucent; semi-transparent
晶莹	jīngyíng	*adj* glittering and translucent
圣洁	shèngjié	*adj* holy and pure
妖娆	yāoráo	*adj* enchanting; bewitching
避讳	bìhuì	*v* to hide; to avoid
无遮无拦	wúzhēwúlán	*vp* no cover up; no hiding
企盼	qǐpàn	*n* hope
忧伤	yōushāng	*n* worry and grief
缠绕	chánrǎo	*v* to twine; to bind
如缕	rúlǚ	*adj* (as if) continuously
泡沫	pàomò	*n* foam
胀	zhàng	*v* to inflate; to swell
喷涌	pēnyǒng	*v* to gush; to spout
弧线	húxiàn	*n* arc
注视	zhùshì	*v* to watch attentively
砖	zhuān	*n* brick
汲	jí	*v* to draw water from a well
慈祥	cíxiáng	*adj* kind
弥漫	mímàn	*v* to fill the air; to spread everywhere
悄悄	qiāoqiāo	*adj* quietly
拐角	guǎijiǎo	*n* corner

哼叽	hēngjī	*v* to mumble
单调	dāndiào	*adj* monotonous; boring
留神	líushén	*vo* to be careful
拨开	bōkāi	*vr* to push aside
婴孩	yīnghái	*n* baby; infant
埋下	máixià	*v* to bury
突兀	tūwù	*adj* sudden
悠长	yōucháng	*adj* long, drawn-out
松口	sōngkǒu	*vo* to relax one's bite
又楞又傻	yòulèngyòushǎ	*ap* staring blankly and looking silly
印上	yìnshàng	*vr* to mark on
血痕	xuèhén	*n* bloodstain
回过神	húiguòshén	*vp* to recover from a shock
安抚	ānfǔ	*v* to placate; to calm down
惊啼	jīngtí	*v* to be frightened and weep aloud
左邻右舍	zuǒlínyòushè	*np* neighbors
羞	xiū	*adj* shameful
责怪	zéguài	*v* to blame
举动	jǔdòng	*n* action; behavior
传遍	chuánbiàn	*v* to spread everywhere
集中	jízhōng	*v* to focus
挑明	tiǎomíng	*v* to speak frankly
流氓	liúmáng	*n* hoodlum; hooligan
逗人	dòurén	*adj* amusing
婆婆	pópó	*n* husband's mother

磨损	mósǔn	*n* wear and tear
锈蚀	xiùshí	*n* rust; corrode
舌头	shétou	*n* tongue
无法无天	wúfǎwútiān	*vp* to defy laws human and divine
唠叨	láodao	*v* (口语) to chatter; to be garrulous
嘴唇	zuǐchún	*n* lips
嚼	jiáo	*v* to chew
发愁	fāchóu	*v* to worry
诸如此类	zhūrúcǐlèi	*adp* such like; and so on and so forth
编	biān	*v* to write/create
顺口溜	shùnkǒuliū	*n* doggerel; jingle
钞票	chāopiào	*n* paper money; banknote
盯住	dīngzhù	*vr* to stare at
全脂粉	quánzhīfěn	*n* whole milk powder
泪汪汪地	lèiwāngwāngde	*adv* brimming with tears
正视	zhéngshì	*v* to face squarely
冲	chōng	*v* to pour boiling water on
端	duān	*v* to hold something level
顺手	shùnshǒu	*adv* conveniently
打翻	dǎfān	*vr* to strike down
活蹦乱跳	huóbèngluàntiào	*vp* alive and kicking
金属	jīnshǔ	*n* metals in general
腮边	sāibiān	*n* cheek
伸出	shēnchū	*vr* to stretch/reach out
巴掌	bāzhang	*n* palm of hand

捡	jiǎn	*v* to pick up
咸鱼	xiányú	*n* salted fish
祖宗	zǔzōng	*n* ancestors
餐具	cānjù	*n* tableware
常规	chángguī	*n* routine
屋檐	wūyán	*n* eaves
隔壁	gébì	*n* next door
豆腐	dòufu	*n* bean curd (here, refers to breasts)
皱纹	zhòuwén	*n* wrinkles
七拐八弯	qīguǎibāwān	*ap* twisting and turning
瞟	piǎo	*v* to glance sidelong at
啃	kěn	*v* to gnaw; to nibble
轰隆	hōnglōng	*on* rumble
操	cāo	*v* to grasp; to hold
扫帚	sàozhou	*n* broom
掀起	xiānqǐ	*v* to lift
屁股	pìgu	*n* buttocks, rear end
汪	wāng	*v* to accumulate (of liquid); to soak
出格	chūgé	*vo* to exceed what is proper
诘问	jiéwèn	*v* (文言) to closely question
畜牲	chùsheng	*n* beast; dirty swine
激情	jīqíng	*n* fervor; passion
生分	shēngfēn	*adj* not familiar
搂	lǒu	*v* to hug
摆弄	bǎinòng	*v* to fiddle with

别扭	bièniu	*adj* awkward
拒绝	jùjué	*v* to refuse
挣扎	zhēngzhá	*v* to struggle
同步	tóngbù	*n* at the same time; synchronism
愣头愣脑地	lèngtóulèngnǎode	*adp* rashly; impetuously
依赖	yīlài	*v* to rely/depend on
消失	xiāoshī	*v* to disappear
扑空	pūkōng	*vo* to miss out (on)
泊	bó	*v* to be at anchor; to moor
阔	kuò	*adj* wide
舢舨	shānbǎn	*n* sampan (a kind of boat)
窗棂	chuānglíng	*n* window bar/lattice
汽笛	qìdí	*n* steam whistle
吼叫	hǒujiào	*v* to howl
瞳孔	tóngkǒng	*n* pupil (of eye)
拽	zhuài	*v* to pull; to drag
扯拉	chělā	*v* 拉扯; to drag; to pull
痛楚	tòngchǔ	*n* pain; anguish; suffering
症状	zhèngzhuàng	*n* symptom
袭击	xíjī	*v* to make a surprise attack on
躲	duǒ	*v* to hide (oneself)
惹眼	rěyǎn	*vo* to catch the eye
顺嘴	shùnzuǐ	*adv* offhandedly
羞于	xiūyú	*v* to feel ashamed
堵住	dǔzhù	*vr* to block

打吊针	dǎdiàozhēn	*vo* to give an intravenous injection
吓唬	xiàhu	*v* to threaten; to frighten
愧疚	kuìjiù	*adj* ashamed and guilty
嘎	gǎ	*adj* eccentric; odd; naughty
文静	wénjìng	*adj* gentle and quiet
门缝	ménfèng	*n* crack between a door and its frame
缝隙	fèngxī	*n* chink
鬼祟	guǐsuì	*adj* stealthy; secretive
幽灵	yōulíng	*n* ghostly spirit
游荡	yóudàng	*v* to loaf/drift
挂不住	guàbúzhù	*v* to feel embarrassed; (挂 = to hang; to put on)
唬了脸	hǔleliǎn	*vo* to suddenly turn hostile
心酸	xīnsuān	*ap* be grieved; feel sad
偷看	tōukàn	*v* to peek
趴	pā	*v* to lie prone
打量	dǎliang	*v* to size up
腕弯	wànwān	*n* wrist
茂盛	màoshèng	*adj* flourishing; luxuriant
肥沃	féiwò	*adj* fertile; rich
裹	guǒ	*v* to bind; to wrap
呈现	chéngxiàn	*v* to present; to appear
心碎	xīnsuì	*ap* be heartbroken
至高无上	zhìgāowúshàng	*ap* paramount; supreme
牵魂	qiānhún	*vo* to be enchanted
咫尺	zhǐchǐ	*adj* very close

伸手可及	shēnshǒukějí	*ap* easy to get
羞愧	xiūkuì	*adj* ashamed
惶恐	huángkǒng	*adj* terrified
委屈地	wěiqude	*adv* feel wronged
烁人	shuòrén	*vo* to be glittering; sparkling
反闩	fǎnshuān	*v* to fasten with bolt/latch from inside
惊天动地	jīngtiāndòngdì	*ap* shake the earth
哭腔	kūqiāng	*n* sound of keening; mournful wailing
鼾	hān	*n* sound of snoring
急促	jícù	*adv* hastily; in a hurry
抽	chōu	*v* to lash; to whip
闷响	mēnxiǎng	*adj* muffled (of a sound)
泛起	fànqǐ	*vr* to float; to be suffused with
母兽	mǔshòu	*n* female animal
凶悍	xiōnghàn	*adj* ferocious

词语例句

不是⋯而是⋯= it is not A, it is B

★ 那只手在阳光下面不像是被照耀，而是自己就会放射出阳光来。

1. 不是他说错了，而是你听错了。

2. 这幅画不是原作，而是一件仿制品。

事实上 = as a matter of fact; in fact; in reality

★ 慧嫂喂奶从来不避讳什么，事实上，断桥镇除了老人孩子以外，只剩下几个中年妇女了。

1. 他想象中的北京还是一个古城，事实上，北京早就变成一个现代化的大都市了。

2. 他说他去过欧洲，事实上，他连国都没有出过。

要不是…= if it is not…then…

★ 要不是这一声尖叫，旺旺肯定还是不松口的。

1. 要不是他的朋友小李给他介绍了一个工作，他还在打零工哪！

2. 要不是我早上叫你，你肯定会睡过头。

按照 = according to; in accordance with

★ 按照常规，晚饭以后，旺旺爷到南门屋檐下的石码头上去洗碗。

1. 按照中国人的风俗习惯，新娘在婚礼那一天要穿红色衣服。

2. 按照公司规定，雇员一年只能请三天事假。

反而 = on the contrary; instead

★ 原来天天在眼皮底下，不太留意，现在看不见，反而格外惹眼了。

1. 来纽约的游客都要去看看自由女神像。他住在纽约的附近，反而一次都没去过。

2. 上次考试他很用心地复习了，考得并不好；这次考试他没好好准备，反而考得很不错。

甚至 = even; so far as to; so much so that

★ 慧嫂有些不高兴了，甚至有些难受。

1. 他的病越来越严重，甚至连床都下不了了。

2. 这本书现在很难买得到，甚至连最大的书店也没有。

讨 论 题

根据小说内容回答下列问题：

1. "旺旺"的父母为什么远离家乡？这给"旺旺"的生活带来了什么样的影响？
2. 为什么大家用旺旺饼干的商标来称呼故事中的小男孩？作者用这个细节告诉读者什么？
3. 慧嫂是一个什么样的人？她有什么与众不同的地方？
4. 为什么"旺旺"在慧嫂给她儿子喂奶的时候跑过去咬了她的乳房？
5. "旺旺"咬慧嫂的事在断桥镇引起了一场风波。人们是怎样议论"旺旺"的举动的？
6. "旺旺"的爷爷为什么打他？
7. 慧嫂对这个事件的态度跟别人有什么不同？这说明了什么？
8. 你怎么解释故事的结尾？慧嫂为什么对众人发怒？

请进一步思考和讨论以下问题：

1. 通过"旺旺"的故事作者揭示出日趋商业化的中国社会的哪些问题？请从以下几个方面思考：

   ⑴家庭关系，特别是父母与子女关系的改变。
   ⑵缺乏父母之爱对孩子心理上的负面影响。
   ⑶物质主义对传统观念的冲击。

2. 通过慧嫂与刘三爷和爷爷等人的对比，作者试图说明什么问题？请从以下几个方面思考：

   ⑴社会上存在的对"性"这个问题的保守态度和愚昧无知。
   ⑵很多成人和家长对孩子心理成长的忽略。

白坯院门
Plain Gate

陆平 Lu Ping

　　陆平，1947年生于苏州。不到二十岁的时候就到新疆插队，在那里生活了二十二年。期间当过农民、厨师、食品加工厂工人、教师、教务主任和副校长等。八十年代末返回苏州，曾在苏州市文联，《苏州杂志》当小说编辑，五年后调到苏州广播电视报社工作至今。中国作家协会会员。

　　七十年代开始小说创作，著有长篇小说《太湖女盗》、《古城堡的儿女们》、《渡口》、《都市情缘》，中篇小说集《白兰花》、《桂花赤豆藕粉圆子》，短篇小说集《梭梭花》，以及一些影视剧本和一定数量的散文作品。

　　《白坯院们》发表在2000年第11期的《小说月报》上。故事围绕一所宅院的设计和修砌反映了动荡多变的中国社会，以及人们在这种生活环境中产生的生活哲学。

　　　Lu Ping was born in Suzhou, Zhejiang, in 1947. In his teens, Lu went to the countryside in Xinjiang. During his twenty-two years there, he worked as a farmer, cook, and laborer in food manufacturing. He later became a middle-school teacher, dean of faculty, and vice-president. Lu returned to Suzhou in the late 1980s, taking an editorial position with *Suzhou Magazine* and the Suzhou Writers Association. He now works for *Suzhou Radio and TV Guide* and is a member of the Chinese Writers Association.

　　Lu began to write in the 1970s. Representative works include his novels *The Woman Thief of Taihu*, *Sons and Daughters of an Old Castle*, *The Ferry*, and *City Love*; the novellas *White Orchid* and *Red Beanpaste Sweet Dumplings*; and the short story collection *The Ammondendron Flower*. He has also published several movie scripts and many essays.

　　"Plain Gate" was published in *Fiction Monthly* in 2000. Through its focus on the design and renovation of a house, the story explores the philosophy of survival that the Chinese people have developed in response to social turbulence and constant change.

◆

涂老先生在神仙弄是有点名气的。虽然地方志上从来没有他这个涂姓人氏，虽然那时候的苏州城里知道他的人极是有限，虽然三教九流从来没有他的地位，可是在神仙弄那个地方，涂老先生是人人知晓的人物。

涂老先生幼时上过好几年私塾，算得上初通文墨。能背《三字经》、《百家姓》和《增广贤文》那些书，甚至一字不漏地背过《朱子治家格言》。因为他的启蒙先生极是重视书法，所以涂老先生书虽然读得并不多，一手毛笔字却很见功底。逢年节的时候，除了自家门上的对联，涂老先生凡见有求他写字的，一概愉快接受，认真地书写，分文不取，还要倒贴纸张。

可是涂老先生又算不得读书人（当然更难跻身于文人的行列），严格说来，他该属行伍出身的。他当过好些年的兵，日本人的兵，国民党的兵，共产党的兵；勇敢的兵，混饭吃的兵，临阵脱逃的兵。他是打过仗的，有败仗，也有胜仗，更多的时候是不打仗、光吃饭拿军饷。至于是否有过伤人害命的血债，无人知晓。倒是据人在澡堂里所见，他浑身上下伤痕累累，最是吓人的伤痕，是从大腿到屁股上一道长长的刀疤痕，有如一条大蜈蚣一般，怪吓人的。

但是若以行伍出身来概括涂老先生，似乎有失全面和公允，在他风风雨雨几十年的人生经历里，除去当兵外，他还做过绸布生意，贩过私盐，还流浪讨过饭，又干过农村里的雇工、工厂里的工人，某大老板的保镖之类的角色，据说在解放前的一部什么电影里还演过一个配角……

而涂老先生最是让人不敢小觑的，不只是他三教九流都涉足过，而是他走南闯北的不寻常经历，那些见多识广的人生阅历。他东北三省转过，西南丛林呆过，海上风浪里漂泊过。西北到过新疆，最远到过菲律宾。他见过的大人物，一二三四如数家珍，能说出一大串人的名字来，而且都是常人只在书上看到的名字，或者是在电视电影上见到过的人物，有革命领袖，有国民党反动派，黑道红道都有——这当然不是吹牛，说得有板有眼的，还有过几张照片为证。总而言之，听着就让人产生肃然起敬的感觉。

对于涂老先生这样的一个人物，你很难用好人抑或坏人之类简单的区分来看待他。就是连那时候的居民委员会和地段派出所也不好把他怎么样。说他有历史问题吧，他又是有着中华人民共和国民政部颁发的："荣誉军人证书"；若是当真把他当做个革命军人吧，依于本人所言所谈，十足一个流氓无产者——也不对，待到他临终的前几年，居然又搞起家业来：花钱买下邻家的一座破房子，自己动手拆去老屋，盖上新房子来了。

当然，细心的读者马上会想到那个历史背景来。

涂老先生之所以能够买房子又重新翻建新房，那只能是在建国未久的五十年代的事情。换了六十年代可能么？七十年代他敢么？别说买房和盖房了，若是涂老先生活到六十年代中期，在那个大讲阶级斗争的年代，保不准会让人查查历史，弄顶"历史问题"的帽子戴戴。若是涂老先生还捱到那个无法无天的"文化大革命"年头，就凭他那么复杂的人生经历，逃不过那些内查又外调、冲击又批判的，不死也得让你脱几身皮，还敢想那个买房和盖房的梦？

闲话少提，话归正传。总之，涂老先生买房又盖房了。他花了一笔很少的钱，买下邻家一幢独门独院的破旧平房，然后就在这个基础上，把破旧的房子拆了，留下了旧砖砌的院墙，买来新砖新瓦造新房。新房子很漂亮，也结实，但是决不招摇，也不引人注目。那是有些像北方三合院那样格局的院宅，房子地基有半人之高，由台阶步上，可就是平房，不建造楼房，哪怕只是二层的楼房。院子挺大的，差不多有五六十平方米的占地，可是不种树、不植草、不养花，也不搞那些假山、小筑或者曲径之类的名堂，就一个凉棚里搁几个石条凳，空地之间种些葱蒜、豆瓜之类的。

有热心的邻居（至今依旧还健在）曾经替涂老先生设计过这个院子：花坛、小径、假山或者石笋，还有金鱼缸、睡莲池、紫藤架、爬山虎墙，这里栽树、那里种花，春日的白玉兰，夏天的月季，秋天的菊花，冬时的腊梅，如此这般地说了一大通。那位高邻对于苏州的园林艺术还是很有造诣的，如果依此而行，院子无疑是四季有花，环境幽雅又极有情调的。

可是，涂老先生只是摆摆手，微微一笑，并没有采纳这位邻居的意见，也没有说出些什么缘故来。还是我行我素，循着自己的意思而行。而最是让人捉摸不透的是最后整个院和房全部造妥，在粉墙、油漆的过程中，竟然是遗留了一个"尾巴"，一个让人百思不得其解的"尾巴"：院门没有油漆。

老祖宗的规矩，官府衙门、庙宇大殿，当用红色的油漆；一般的人家，凡是有点身价或者要做点身价出来的，都少不得以黑色油漆大门，尤其是在建造新房子的时候。哪有用白坯大门的道理？

涂老先生就是留下了白坯大门。凡见有人疑惑地说起这大门的时候，他只是淡淡地应道：不忙，不忙，闲下来再说。

可是这一个"不忙"，就是好几个年头过去。未经油漆的白坯大门，风吹雨打、日晒夜露了好几年，直到门板早已经褪尽新色，爆出裂缝，连木纹都条条绽出，依旧还是白坯门一个。

没人知道涂老先生的所想，就是他的三个儿子（涂大、涂二、涂三）也不明白，直到他临死的时候都还是没有弄明白他的所思所想。只是在涂老先生的临终遗言中，就十分明确地说：是我儿孙的，就好好住着，院里格局不许改，大门不要油漆。

涂老先生就这样走了，那是五十年代末期的事了。他留下了这么一个谜。

大儿子涂大首先破译了其中一个难解的谜。

涂大是个工人，有的是力气。老人家过世未久，正逢三年自然灾害，天灾人祸，而最要命的是吃饭问题。

那时候粮食定量，蔬菜匮乏，副食品和荤腥物数量极少还凭票供应，一家上下饿得面黄肌瘦，总是心里惶惶不安的。老大就在那个院子里种南瓜、种豆、种红薯、种玉米，还种北方大白菜和萝卜之类的，就差没有种水稻了。还圈养了好几只鸡，解决了平日里的吃蛋和过年时节的吃鸡问题。

就这一小块地，一家子的日子真比厂长书记家还过得滋润。

有一回涂大悄悄给饿得脚浮肿的车间主任塞了两只煮鸡蛋，车间主任就感恩戴德得一连给了涂大三个月的笑脸。

于是，涂大在一天吃饭的时候，猛然间悟彻了，说是老头子不让院里种花草、栽树木，就是要留一块自留地，荒年让一家子有口吃的啊！

涂二、涂三和一家子都连连称是。那当儿，他们正在吃着头一批收下来的红薯，一个个狼吞虎咽的，让红薯噎得说不出话来。

至于涂大的所说是不是正确，没人可以断定。就是时至今日，他们中间的任何一个都说不准当年涂老先生是否出于这个考虑。

谜，还是一个没人能解开的谜。

随后就是"文化大革命"，就是十年动乱。

那是怎样的年头啊，老百姓苦不堪言，整天惶惶不可终日，上天无路、入地无门。倒是涂家还算是比较太平。缘在涂大是个"工人阶级"，涂二"文化大革命"

前夕参了军，当了中国人民解放军的炮兵，属于光荣的"革命军人"，涂三正上中学，又是"红卫兵小将"。一家子的革命阵营，日子自然还过得去。

直到那一场"文化大革命"快结束的时候，涂二终于从部队上转业回到家乡。那一日涂二在久违了的家院间散步，站在高高的廊檐之下，望着老头子留下的这幢房子，猛然之间，又想起了当年老头子建房时留下的那些让人不可思议的"谜"。竟然石破天惊，道出了一番独特的见解来：

当初我们的老头子为什么不造楼房造平房，为什么不种花草树木留空地？高哇，老头子真是高人一筹！你们想想，枪打出头鸟，这也就像是打仗的时候，炮轰的当然都是些制高点，那些令人注目的建筑或高地。假如我们家是一幢高高的气派的大楼，岂不引人注目、惹来是非？别人马上会发问：这是哪一家的洋房？什么阶级出身？哪来的钱，莫不是剥削劳动人民来的吧？再说，若是一种上花花草草什么的，又搞些树呀、假山呀什么的，更是资产阶级得可以了。而老头子这么一造，不起眼，不惹人注目，弟兄三个小家也算不得很宽敞，自然也就平安无事了……

一席话，说得涂大和涂三眼睛巴瞪瞪的，无言可以对答。到底是部队上待过的、世面见过的人物了，能说出如此一番道理来。

可是，那老头子是不是出于这样一个动机呢？这就无人知道了。何况涂老先生他再高明，也未必会未卜先知到能够预料到有"文化大革命"的这一劫难。

涂二的话或许对，或许错，谁知道呢。这个谜底，还在早已作古了的涂老先生心里，无人知晓。

光阴似箭，日复一日，涂家的日子还是那么过着。只有在每年的清明节，一家老小上坟祭祖的那些时候，涂大、涂二和涂三他们就免不得会说起老头子来，扯起一些有关老头子的当年事来，想起老头子留下的那些难解的"谜"。

终于有那么一天，涂大在单位里分到了新公房，搬离了这个院子。

后来，终于又有了那样的一天，涂二做生意发了不大不小的财，自己买下了一套据说有一百四五十平方米的新房，也欢天喜地地搬了出来。

于是，这个旧屋就剩下了涂三一家子居住了。

涂三是知识分子，搞艺术的，很聪明，很有艺术才华，不过十只黄狗九只雄，十人读书九个穷，涂三是很穷的。但是穷归穷，涂三还是决定把旧居好好改造、修缮一下。比方说那个卫生间，总不能老是用马桶吧？再说，马桶用久了，烂了，如今要买个新马桶还很难找到卖处哩。还比方说，总不能还在当年的老灶屋里烧那炕头、用煤炉吧？何况如今早已买不到灶上用的稻柴了。再比方说，房子已有些年头，要住得舒心一点，就少不得修修补补的。

涂大对于改造旧屋没有异议，只是说：改造设施是应该的，可是当年老头子说过，院里的格局不要改变，大门不要油漆。

涂二也说：当年老头子<u>叮嘱</u>过的事，虽然我们也都说不透其中的道理，我想总还是有一定的<u>含义</u>。就照老头子的话办吧。

涂三也没有几个钱，哪来大兴土木搞翻修的道理？他不过是改造了个卫生间和灶屋间，不过是把屋顶<u>捉个漏</u>，<u>墁</u>个屋顶，<u>刷</u>个墙，<u>诸如此类</u>这一些。还替自己搞了一间工作室，给家里来往客人<u>专备</u>了一大一小两间客房，再就是给近年来可能要结婚的儿子留下了个婚房而已。

"改造工程"搞完，那日里涂大和涂二<u>应邀</u>回老屋来看看，弟兄们一起聚聚，也算是对涂三的<u>关怀</u>。

院子<u>兜</u>一圈下来，弟兄三个对于重新修缮过的老屋老院自然有一番<u>感慨</u>，最后他们久久地站在已经重新换过的新大门前——当然还是<u>遵照遗嘱</u>的白坯大门。

涂大说：白坯大门，老头子说过的，很好。

涂二说：很好，虽然还是白坯。

却是涂三另有所思说：这个大门还真有点<u>遗憾</u>。白坯，算什么意思呢？不过，就象对艺术的追求一样的道理，世界上许许多多的事情，本是极难有完美的，多少总是有一点<u>缺憾</u>。大至人生、事业、生活，小至一草一木，一事一时。我想，老头子要保留一个白坯大门，用意所在，<u>也莫过于此</u>了。

涂大和涂二也都微微<u>颔首</u>。心里想着：老头子的意思大概是这样的吧？

可是谁知道呢？涂老先生并没有留下<u>谜底</u>。

真不知道当年的涂老先生是怎么想的。他<u>何以</u>要留下这些让后人<u>难以捉摸</u>的"谜"。

不过，时至今日，神仙弄的那幢老房子依然还在。整个院子还是那样的格局。还是院子里不种草木<u>花卉</u>，就一点小葱大蒜之类的<u>冒</u>出<u>几许</u>悦目的绿，几只<u>毛羽</u>油亮的母鸡<u>悠闲</u>地<u>踱步</u>其间；而且还是老式的平房，那种<u>地基</u>筑得挺高的平房；还有那个大门，至今依旧是白坯大门，不<u>沾</u>半点油漆色彩。至今那些涂老先生的遗嘱，那些让后人难解的"谜"，如今知道的人已经不多了。随着年代的<u>久远</u>，总有一天会彻底让人<u>遗忘</u>的。

词汇

白坯	báipī	*n* white base; semi-finished product
弄	lòng	*n* (方言) 里弄; lanes and alleys
地方志	dìfāngzhì	*n* local annals/records
有限	yǒuxiàn	*adj* limited
三教九流	sānjiàojiǔliú	*np* people of all walks of life
私塾	sīshú	*n* old-style tutorial school
初通	chūtōng	*adv* at basic level of
文墨	wénmò	*n* writing; literacy
漏	lòu	*v* to leave out
启蒙先生	qǐméngxiānshēng	*n* teacher who initiates his/her students into a specific field of study
重视	zhòngshì	*v* to take something seriously; lay stress on
功底	gōngdǐ	*n* basic skill training

逢	féng	*v* to meet; to come upon
年节	niánjié	*n* 过年，过节; New Year's day and other festivals
对联	duìlián	*n* antithetical couplet (written on scrolls etc.)
分文不取	fēnwénbùqǔ	*vp* not take a penny
倒贴	dàotiē	*v* (口语) to offer something contrary to normal social practice
跻身	jīshēn	*vo* (文言) to ascend; to mount
属（于）	shǔ(yú)	*v* to belong to
行伍出身	hángwǔchūshēn	*vp* be in or come from the military
勇敢	yǒnggǎn	*adj* brave; courageous
混饭吃	hùnfànchī	*vp* to scrape a living; to muddle/drift along
临阵脱逃	línzhèntuōtáo	*vp* to sneak away right before a battle
败仗	bàizhàng	*n* defeat; lost battle
胜仗	shèngzhàng	*n* victorious battle; victory
军饷	jūnxiǎng	*n* military payroll
血债	xuèzhài	*n* debt of blood
浑身	húnshēn	*n* from head to foot; all over the body
伤痕	shānghén	*n* scar
累累	lěilěi	*adj* countless
疤痕	bāhén	*n* scar
蜈蚣	wúgōng	*n* centipede
概括	gàikuò	*v* to summarize; to generalize
有失全面	yǒushīquánmiàn	*vo* to fail to do justice to the whole picture
公允	gōngyǔn	*adj* fair and proper
绸布	chóubù	*n* silk fabric

贩	fàn	*v* to buy and resell
私盐	sīyán	*n* (私：走私) smuggled salt
流浪	liúlàng	*v* to lead a vagrant life
讨…饭	tǎo…fàn	*vo* to beg for food; to be a beggar
雇工	gùgōng	*n* hired laborer
保镖	bǎobiāo	*n* bodyguard
角色	juésè	*n* role
配角	pèijué	*n* supporting role
小觑	xiǎoqù	*v* 小看; to look down on
涉足	shèzú	*vo* (文言) to set foot in; to experience a lot of
走南闯北	zǒunánchuǎngběi	*vp* to travel extensively
寻常	xúncháng	*adj* ordinary; usual; common
阅历	yuèlì	*n* experience
丛林	cónglín	*n* jungle
漂泊	piāobó	*v* drift aimlessly
如数家珍	rúshǔjiāzhēn	*vp* to know very well
革命领袖	gémìnglǐngxiù	*n* leader of a revolution
反动派	fǎndòngpài	*n* reactionaries
黑道红道	hēidàohóngdào	*n* (口语) secret society/organization
吹牛	chuīniú	*v* to boast; to brag; to talk big
有板有眼	yǒubǎnyǒuyǎn	*ap* (口语) orderly; systematic; well presented
肃然起敬	sùránqǐjìng	*vp* be filled with deep respect/veneration
抑或	yìhuò	*conj* (文言) or else; could it be that…
委员会	wěiyuánhuì	*n* committee
地段	dìduàn	*n* area sector/section

派出所	pàichūsuǒ	*n* police substation
颁发	bānfā	*v* to issue; to award
荣誉	róngyù	*adj* honorary
流氓无产者	liúmángwúchǎnzhě	*n* lumpen proletariat
临终	línzhōng	*adv* approaching death
拆	chāi	*v* to pull down; to dismantle
之所以	zhīsuǒyǐ	*conj* 所以; the reason why
讲	jiǎng	*v* to speak; to stress; to pay attention to
阶级斗争	jiējídòuzhēng	*n* class struggle
保(不)准	bǎo(bù)zhǔn	*v* to (not) guarantee
捱	ái	*v* 挨; to endure/suffer
凭	píng	*prep* based on; according to
内查	nèichá	*v* to make an interior investigation
外调	wàidiào	*v* to make an exterior investigation
冲击	chōngjī	*v* to pound/lash (politically)
批判	pīpàn	*v* to criticize
闲话	xiánhuà	*n* digression; idle chat
独门独院	dúméndúyuàn	*n* single-family dwelling; a solitary house
砖	zhuān	*n* brick
砌	qì	*v* to lay bricks or stones to build
招摇	zhāoyáo	*v* to act ostentatiously; to show off
引人注目	yǐnrénzhùmù	*vp* to catch one's eye
格局	géjú	*n* pattern; setup; structure
哪怕	nǎpà	*conj* even; even if/though
植	zhí	*v* 种植; to plant; to grow

小筑	xiǎozhù	*n* small/little structure/architecture
曲径	qūjìng	*n* winding path
凉棚	liángpéng	*n* mat awning/shelter
搁	gē	*v* to put
石条凳	shítiáodèng	*n* stone stool/bench
葱蒜	cōngsuàn	*n* scallions and garlic
豆瓜	dòuguā	*n* beans and squash
健在	jiànzài	*v* (文言) to be still living and in good health
石笋	shísǔn	*n* rockery; stalagmite
缸	gāng	*n* tank for goldfish etc.; vat
睡莲池	shuìliánchí	*n* water lily pool/pond
紫藤架	zǐténgjià	*n* wisteria arbor
爬山虎	páshānhǔ	*n* (植物) Boston ivy
栽	zāi	*v* to plant
白玉兰	báiyùlán	*n* (植物) white magnolia
月季	yuèjì	*n* (植物) Chinese rose
菊花	júhuā	*n* (植物) chrysanthemum
腊梅	làméi	*n* (植物) wintersweet
如此这般地	rúcǐzhìbānde	*adp* such; like this
高邻	gāolín	*n* elder respectful neighbor
造诣	zàoyì	*n* (academic/artistic) attainments
依此而行	yīcǐ'érxíng	*vp* to do something according to this
幽雅	yōuyǎ	*adj* quiet and tastefully laid out (of a place)
情调	qíngdiào	*n* sentiment; tone and mood
采纳	cǎinà	*v* to accept; to adopt

缘故	yuán'gù	*n* cause; reason
我行我素	wǒxíngwǒsù	*id* stick to one's old way of doing things
循	xún	*v* to follow; to abide by
捉摸不透	zhuōmōbùtòu	*vp* unfathomable; elusive; unintelligible
造妥	zàotuǒ	*vr* to finish; to complete
粉墙	fěnqiáng	*vo* to whitewash a wall
油漆	yóuqī	*v* to paint
尾巴	wěiba	*n* tail
百思不得其解	bǎisībùdéqíjiě	*id* remain puzzled after much pondering
规矩	guīju	*n* rule; custom
官府衙门	guānfǔyámen	*n* local authorities and government office
庙宇大殿	miàoyǔdàdiàn	*n* temple and main hall of Buddhist temple
身价	shēnjià	*n* social status
少不得	shǎobudé	*vp* can't be avoided; be indispensable
疑惑	yíhuò	*v* to feel uncertain; to feel puzzled
忙	máng	*v* to hurry; to rush
未经	wèijīng	*adv* not (yet); had never been
晒	shài	*v* to sun-dry
露	lù	*v* to show; to be exposed to…
褪…色	tuì…sè	*vo* to fade (of colors)
爆	bào	*v* to burst; to crack
裂缝	lièfèng	*n* rift; crack
木纹	mùwén	*n* wood grain
绽出	zhànchū	*v* to split; to show/reveal
依旧	yījiù	*adv* as before; still

遗言	yíyán	*n* dying words/testament
谜	mí	*n* riddle; mystery
首先	shǒuxiān	*adv* first
破译	pòyì	*v* to decode
祸	huò	*n* misfortune; disaster
要命	yàomìng	*adj* annoying; aggravating
粮食	liángshi	*n* grain; food
定量	dìngliàng	*n* ration
匮乏	kuìfá	*adj* (文言) deficient; short (of supplies)
副食品	fùshípǐn	*n* non-staple food products
荤腥物	hūnxīngwù	*n* meat or fish
面黄肌瘦	miànhuángjīshòu	*ap* emaciated and haggard
惶惶	huánghuáng	*adj* agitated; on tenterhooks
红薯	hóngshǔ	*n* sweet potato
玉米	yùmǐ	*n* maize; corn
萝卜	luóbo	*n* radishes; turnips
水稻	shuǐdào	*n* paddy (rice)
圈养	juànyǎng	*v* to raise (chickens/ducks etc.) in a pen
滋润	zīrùn	*adj* flourishing; plentiful
悄悄	qiāoqiāo	*adv* quietly; stealthily
浮肿	fúzhǒng	*v* to have an edema
感恩戴德	gǎn'ēndàidé	*vp* to feel deeply grateful for kindness
猛然	měngrán	*adv* suddenly; abruptly
悟彻	wùchè	*v* to realize; to awaken
荒年	huāngnián	*n* famine/lean year

称是	chēngshì	*v* to say yes
批	pī	*m* batch; lot
狼吞虎咽	lángtūnhǔyàn	*vp* to wolf down; to gulp
噎	yē	*v* to choke
正确	zhèngquè	*adj* correct; right
断定	duàndìng	*v* to conclude; to form judgment
解开	jiěkāi	*vr* to untie; to undo; to figure out
动乱	dòngluàn	*n* turmoil; upheaval; disturbance
不堪	bùkān	*v* (文言) can't bear/stand
惶惶不可终日	huánghuáng bùkězhōngrì	*id* be in constant state of anxiety
缘	yuán	*n* reason; cause
前夕	qiánxī	*n* eve
炮兵	pàobīng	*n* artillerymen
光荣	guāngróng	*adj* honor; glory; credit
阵营	zhènyíng	*n* battle camp; interest group; camp
转业	zhuǎnyè	*vo* (军事) to be transferred to civilian work
久违	jiǔwéi	*vp* haven't seen for long time
廊檐	lángyán	*n* eaves of veranda
不可思议	bùkěsīyì	*ap* inconceivable
竟然	jìngrán	*adv* unexpectedly; actually
石破天惊	shípòtiānjīng	*vp* remarkably original and forceful (of writing etc.)
番	fān	*m* kind; turn; time
独特	dútè	*adj* unique; distinctive
高人一筹	gāorényīchóu	*vp* 高人一等; a cut above other people; elite

枪打出头鸟	qiāngdǎchūtóuniǎo	*id* one who sticks his neck out gets hit first
炮轰	pàohōng	*v* to blow up; to bombard; to explode
制高点	zhìgāodiǎn	*n* (军事) commanding point/height
令人注目	lìngrénzhùmù	*vp* 引人注目; attract people's attention
气派	qìpài	*n* imposing style/air; dignified
惹来是非	rěláishìfēi	*vo* to ask for trouble; to cause/provoke (something bad) to happen
莫不是	mòbùshì	*vp* can it be that; is it possible that
剥削	bōxuē	*v* to exploit
资产阶级	zīchǎnjiējí	*n* (政治) capitalist class
惹人注目	rěrénzhùmù	*vp* 引人注目/令人注目
宽敞	kuānchang	*adj* spacious; roomy
席	xí	*m* for talks/banquets etc.
巴瞪瞪	bādēngdēng	*adv* with wide-open eyes
动机	dòngjī	*n* motive; intention
高明	gāomíng	*adj* brilliant; wise
未卜先知	wèibǔxiānzhī	*vp* to foresee; have foresight
预料	yùliào	*v* to expect; to predict; to anticipate
劫难	jiénàn	*n* unexpected disaster/misfortune
或许	huòxǔ	*adv* perhaps; maybe
作古	zuògǔ	*vo* (文言) to die; to pass away
光阴似箭	guāngyīnsìjiàn	*vp* time flies like an arrow
日复一日	rìfùyīrì	*vp* day by day
清明节	Qīngmíngjié	*n* Tomb-Sweeping Day
上坟祭祖	shàngfénjìzǔ	*vp* to visit a grave and offer sacrifices to ancestors

免不得	miǎnbude	*adv* have to; can't avoid
扯	chě	*v* to chat
欢天喜地	huāntiānxǐdì	*adv* joyously
雄	xióng	*adj* male
穷	qióng	*adj* poor
归	guī	*v* to belong
修缮	xiūshàn	*v* to renovate; to repair
马桶	mǎtǒng	*n* honey bucket; chamber pot; bucket for night soil
烂	làn	*v* to rot; to fester
灶屋	zàowū	*n* kitchen
稻柴	dàochái	*n* rice straw and firewood
异议	yìyì	*n* objection
设施	shèshī	*n* installation; facilities
叮嘱	dīngzhǔ	*v* to urge/warn repeatedly
含义	hányì	*n* meaning; implication
捉…漏	zhuō…lòu	*vo* to fix a leak
墁	màn	*v* to pave; to lay; to plaster (wall/roof/floor)
刷	shuā	*v* to brush; to whitewash (wall)
诸如此类	zhūrúcǐlèi	*adp* things like that; and so on and so forth
专	zhuān	*adv* specially
应邀	yìngyāo	*v* to receive an invitation
关怀	guānhuái	*v* show loving care/concern for
兜	dōu	*v* to move around
感慨	gǎnkǎi	*v* to sigh with emotion
遵照	zūnzhào	*v* to obey; to comply with

遗嘱	yízhǔ	*n* testament; will
遗憾	yíhàn	*n* regret; disappointment; something missing
缺憾	quēhàn	*n* flaw; shortcoming; defect
莫过于此	mòguòyúcǐ	*vp* nothing but this
颔首	hànshǒu	*vo* (文言) to nod
谜底	mídǐ	*n* answer to a riddle
何以	héyǐ	*pron* (文言) why?
难以捉摸	nányǐzhuōmō	*ap* elusive; unintelligible
花卉	huāhuì	*n* flowers and plants
冒	mào	*v* to grow; send out/up/forth
几许	jǐxǔ	*ap* (文言) a few
毛羽	máoyǔ	*n* 羽毛; feathers
悠闲	yōuxián	*adj* leisurely and carefree; at ease
踱步	duóbù	*vo* to pace; to stroll
地基	dìjī	*n* foundation
沾	zhān	*v* to be stained with; to touch
久远	jiǔyuǎn	*adj* far back; ages ago
遗忘	yíwàng	*v* to forget

词语例句

凡（是）…一概/都… = every; any; all; without exception

★ 涂老先生凡见有求他写字的，一概愉快接受。

1. 这位老板对雇员很苛刻，凡是迟到一个小时以上的，他一概扣除一天工资。

2. 妈妈告诉他，凡是写错的字都要再写三遍。

至于 = as for; as to

> ★ 他当过好些年兵⋯至于是否有过伤人害命的血债，无人知晓。

1. 我明年想去中国留学。至于是夏天去还是秋天去，还没决定。

2. 我知道这个图书馆有很多英文书。至于中文书多不多，我就不太清楚了。

哪怕 = even; even if; even though

> ★ 涂老先生不建造楼房，哪怕是二层的楼房。

1. 她一点儿虾都不能吃，哪怕是一口也不行。

2. 你能不能借给我一点儿钱，哪怕十块也好。

假如 = if; suppose

> ★ 假如我们家是一幢高高的气派的大楼，岂不引人注目，惹来是非？

1. 假如你继承了一大笔遗产，你会捐给那些因贫困失学的孩子一些钱吗？

2. 假如你有半年的时间可以自己支配，你要用这段时间做什么呢？

岂不 = couldn't that…

> ★ 假如我们家是一幢高高的气派的大楼，岂不引人注目，惹来是非？

1. 你专说她不爱听的话，岂不是要惹她生气？

2. 父母花了很多钱供孩子上学，可是孩子却不好好念书。这岂不会辜负了父母的期望，浪费了他们的金钱。

到底 = after all; in the final analysis

> ★ 到底是部队上待过的，世面见过的人物了，能说出如此一番道理来。

1. 他到底是你父亲，你不能这么不尊重他。

2. 你的英文说得真不错！到底是在美国住过几年！

何况/更何况/况且 = moreover; besides; in addition

★ 那个老头子是不是出于这样一个动机呢？这就无人知道了。何况涂老先生他再高明，也未必会未卜先知…

1. 纽约那个公司虽大，可是工资并不高，所以不去那儿也没什么可惜的。何况你也不喜欢住在纽约。

2. 这辆车太贵了，你买不起。何况你现在并不需要车。

讨论题

根据小说内容回答下列问题：

1. 涂老先生是一个什么样的人物？为什么作者说"你很难用好人或坏人之类简单的区分来看他？"
2. 涂老先生盖的宅院有什么特点？邻居给他设计的宅院有什么不同？
3. 涂老先生死后给家人留下了一个什么"谜"？
4. 大儿子涂大是怎样解释涂老先生不让在院里种花草树木的？
5. 二儿子涂二是怎样解释涂老先生不造楼房造平房的？
6. 小儿子涂三又是怎样解释涂老先生不让油漆大门的？
7. 在小说的结尾，作者写经过了多年的风风雨雨和不同时期的政治风云，涂老先生设计的宅院依然还在。他想用此向读者暗示什么？

请进一步思考和讨论以下问题：

1. 本篇小说写涂老先生是一个历经磨练，参透了人生的人物。他所设计的宅院反映了他的人生处世哲学。请你分析一下他的人生哲学是什么？并请进一步思考，为什么他的人生哲学可称得上是一部在动荡多变的中国社会里的"生存经"？

2. 请分析西方人的人生哲学与涂老先生所代表的中国人的处世哲学有什么不同？

3. 涂老先生的待人处世方法在"大讲阶级斗争"的年代和无法无天的"文化大革命"的时代有什么特殊的意义？

伞
Umbrella

苏童 *Su Tong*

苏童，1963年1月生于江苏省苏州市。1984年毕业于北京师范大学中文系。先后作过南京艺术学院工艺系教师，《钟山》杂志编辑，江苏省作家协会专业作家、理事。1990年加入中国作家协会。

苏童从1983年开始写小说，到现在为止已经发表了愈百万字的作品。他的代表作有长篇小说《米》、《我的帝王生涯》，中篇小说集《1934年的逃亡》、《妻妾成群》，和短篇小说集《伤心的舞蹈》等。苏童是自二十世纪八十年代以来中国最成功的小说家之一。他常常以中国的南方乡镇为背景，着重描写女性形象。他的小说具有浓郁的江南情调、唯美派的叙事风格、和简洁清丽的语言。著名电影导演张艺谋根据苏童的《妻妾成群》改编的电影《大红灯笼高高挂》曾经获奥斯卡金像奖提名。

《伞》刊载于《收获》杂志2001年第1期。故事通过一个青少年强奸案揭示出许多发人深省的问题，包括爱情、家庭、和邻里关系。

Su Tong was born in Suzhou, Jiangsu, in January 1963. Having graduated with a degree in Chinese language and literature from Beijing Normal University in 1984, he worked as a teacher in the craft department of Nanjing College of Art, an editor for *Zhongshan Magazine*, and a writer and council member for the Jiangsu Writers Association. He joined the Chinese Writers Association in 1990.

Su began to write fiction in 1983 and has published numerous works, including the novels *Rice* and *My Career as a King;* the novellas *The Escapes of 1934* and *Raise the Red Lantern;* and the short story collection *Sad Dancing*. He is one of the most successful writers from the 1980s. Many of his stories are set in small towns in south China, and they often feature female protagonists. Su's writing is characterized by a strong southern flavor, an aestheticist narrative style, and concise and lucid language. The internationally renowned director Zhang Yimou's cinematic version of *Raise the Red Lantern* was a 1992 Academy Award nominee in the foreign film category.

"Umbrella" was published in the premier issue of *Shouhuo Magazine* in 2001. The story tells of a rape committed by a teenager and raises thought-provoking questions about love, family, and the complex network of relations in a Chinese neighborhood.

伞

◆

　　一把花雨伞害了小女孩锦红。锦红的姨妈在伞厂工作，她从出口品仓库里捞了几把花雨伞出来，兄弟姐妹一家送一把。送给锦红家的这把伞尤其漂亮，绿色的绸布面上洒着红蘑菇，伞柄是有机玻璃的，里面还嵌着一朵玫瑰，看上去像是水晶嵌了红宝石。雨伞归了锦红，从那天起锦红天天听有线广播里的天气预报。天气预报存心与这个小女孩过不去，说明天天晴，后天天也晴，再后天是多云转晴，锦红气坏了，她冲着广播骂，讨厌讨厌，为什么不下雨？去年我没有伞，你天天下雨，等我有了伞，你偏偏不下了，气死我啦！

　　好不容易盼来了雨。那是一个星期天的早晨。屋檐上的雨声一响锦红就冲了出去，李文芝在厨房骂女儿，说，死丫头这是短脚雨，下不长的，你急着出去显你的宝。锦红顾不上母亲的数落，她慌慌张张地把伞打开，听见雨点打在花伞上，啪啪地响了几下子，伞面就沉寂了。锦红抬头看了看天色，天气确实像她母亲说的，不像是要好好下雨的样子。锦红很失望，她站在门口，将伞转了一圈，还是没有听见雨的动静，但是下雨前街道上特有的慌乱气氛安慰了锦红，她看见小玉的奶奶抢救晾在外面的被子，不知怎么把三角架撞翻了，那老妇人就操着绍兴口音尖叫起来，小玉，快出来收被子。于此同时，得了肺炎的珠珠正从他父亲的自行车上跳下来，她的头上顶着一只用手帕做的小帽子。珠珠被她父亲拉进家门的时候向锦红这里瞟了一眼。她一定看见了我手

197

里的雨伞。锦红举着伞走到街道中央，向前后左右张望着，她想雨也许会下大的，这么多天不下雨，也该下一场雨了。

锦红打着雨伞向小玉家走了几步，夸张的步态像一只开屏的孔雀。有人注意到了锦红的伞，冯明的姐姐倚靠在门边说，锦红，在哪儿买的伞呀？这么漂亮！锦红犹豫了一下，机灵地撒了个谎，北京，在北京买的。冯明的姐姐很惊讶，追问道，你们家谁去北京了？锦红还没有来得及把她的谎言编造下去，一阵大风不知从何而来，风的大手蛮横地掰开锦红的小手，那把雨伞竟然跳了起来，它在空中翻了一个筋斗，然后开始在街道上奔逃，锦红尖叫着，伞，我的伞，快帮帮我。她回头向冯明的姐姐求救，但冯明的姐姐只是弯着腰咯咯地笑。锦红就去追她的雨伞，伞毕竟是伞，它只有一条腿，跑不快，锦红看见它最终卡在春耕家的门洞里，不跑了。锦红松了口气，叉着腰教训雨伞说，看你跑，看你还跑！锦红后来回想起来都是教训雨伞惹来的祸，她如果当时赶快把雨伞抓在手里就好了，可她偏偏多嘴，站在那里叉着腰教训雨伞，结果雨伞在她的眼皮底下被人抢到了手中。

春耕抢了她的雨伞。春耕把雨伞高高地举起来，端详着有机玻璃的伞柄，不让锦红接触她自己的伞。锦红跳了几次，都没有够到她的雨伞，她说，你把伞还我，你不还我就叫你妈妈来，春耕说，谁说是你的伞？伞在我的手里就是我的。锦红急红了眼，锦红一急就把春耕他母亲的绰号叫出来了，大屁股，她跺着脚叫道，大屁股，你儿子抢我的伞！屋里没有回应，很明显只有春耕一个人在家。锦红对包丽君的不敬把春耕惹恼了，春耕推了锦红一把，瞪着她说，好呀，我看你是不想要这把伞了，你敢骂我妈大屁股？你妈才是大屁股，你妈不光屁股大，X也大，你妈是大X！锦红惊恐地看着春耕，更准确地说是看着春耕的手，她预感到一种危险，春耕可能会在狂怒中把她的雨伞撕成碎片。锦红的头脑中一片空白，锦红突然尖叫了一声，然后就抱住春耕的腿，在春耕的腿上咬了一口。

现在，已经很难鉴别是什么导致了锦红最终的灾难了。锦红记得春耕的腿上已经长出了男人才有的黑黑的汗毛，这本来会让锦红吃惊的，但是锦红已经来不及吃惊了，春耕的拳头把锦红打出去很远，撞在墙上，锦红便失去了知觉。此后的事情是锦红所有记忆中的一个黑洞。她记得是私处强烈的疼痛唤醒了她，她浮出一个深不可测的黑洞，看见春耕抓着他的短裤，坐在她身边发呆，锦红起初不知道发生了什么事情，她竭力想看清楚包围着她的这间幽暗的房间，依稀看见春耕家的那个笨重的五斗厨，五斗厨上的台钟，一只玻璃花瓶里插着一束塑料花，还有春耕父母的一张结婚照。锦红叫了一声妈妈，妈妈不在，她便想到了她的雨伞，她扭过头寻找着雨伞，可是春耕黝黑的身体挡住了她的视线。春耕坐在地上发呆。锦红呻吟起来，我的雨伞，我疼。她说，疼死我了，我的雨伞呢。春耕动了一下，往上拉他的短裤，于是锦红从春耕的双腿<u>缝隙</u>中看见了她的雨伞，她的雨伞，伞面上的红蘑菇<u>闪烁</u>着红色的<u>光芒</u>。

起初香椿街上的人们不知道锦红的<u>遭遇</u>。

包丽君带着老母鸡、金华[1]<u>火腿</u>找李文芝<u>谢罪</u>。李文芝<u>拒</u>不见客。李文芝在里面<u>咬牙切齿</u>地说，我们<u>法庭</u>上见。包丽君在门外哭。李文芝在里面静静地听，听了一会儿，冷笑了一声，说，你也哭？你哭什么？包丽君说，我哭我命苦呀，生了这么个没出息的儿子。李文芝说，现在哭迟了，你那个<u>杂种</u>儿子，<u>畜生</u>儿子，就不该让他<u>生</u>出来，生出来那天就该把他<u>掐</u>死。李文芝把话说到这<u>份上</u>，包丽君在门外也站不下去，<u>掉脸</u>走了。

隔了一天，包丽君又来了，这次除了老母鸡和金华火腿，还推来了一辆新的永久[2]自行车。包丽君在门外说，文芝呀，你去年<u>托</u>我买的自行车我一直放在心上，这回总算是弄到手了啦。快开门，让我把车子推进去。李文芝<u>仍然</u>不开门，而且李文芝在里面呜呜地哭起来，说，该死，包丽君你也该死，你想用自行车来换我女儿的<u>贞操</u>，你该死，我要了你的自行车我还是人吗，不是人，是畜生！包丽君估计到了<u>局面</u>，她似乎<u>有备而来</u>，包丽君说，文芝你别嚷嚷呀，让街坊邻居听到了有多不好。你就让我进来，我进来说一句话就走，行不行？包丽君的这<u>招数</u><u>奏效</u>了，李文芝开了门，让人进来，让<u>贿赂</u>之物都留在了外面。

1.金华：地名。这个地方出产的火腿味道鲜美，因此闻名全国。
2.永久：是自行车的牌子。是70年代和80年代的名牌自行车，在当时很不容易买到。

包丽君进去后就看见了那把雨伞，雨伞挂在墙上，锦红坐在雨伞的下面，<u>茫然</u>地看着她。包丽君伸手摸锦红的头发，锦红<u>闪开</u>了，包丽君就<u>顺势</u>去摸那把雨伞，<u>讪讪</u>地说了一句，好漂亮的雨伞。李文芝把锦红推进了里屋，行啊，让你说一句话，她冷冷地看着包丽君，忽然转过身说，其他的话都到法庭上说去。包丽君涨红了脸说，我就说一句话。可是这一句话包丽君似乎难以出口，包丽君叹了一口气，又叹了一口气，终于<u>憋</u>出了那句话。其实，她说，其实，我们家春耕不满十八岁。李文芝没有什么文化，她没有听懂包丽君的<u>潜台词</u>，说，你就说这句话？这是什么话？不满十八岁怎么的？该杀就得杀，该<u>剐</u>就得剐！包丽君尽管对李文芝的愤怒有所准备，但她还是被她<u>决绝</u>的态度<u>激怒</u>了，该杀该剐<u>由不得</u>你，也由不得我，法院的法官同志说了才算，包丽君开始<u>不卑不亢</u>了，而且她用一种<u>异常冷静</u>的语气告诉李文芝，你再怎么闹我儿子也死不了，你再这么闹下去，锦红以后就嫁不出去了，文芝，你好好考虑考虑呀。

李文芝直到后来才<u>彻底</u>明白包丽君的<u>底牌</u>。原来底牌是春耕的年龄。李文芝听说春耕被送去<u>少年管教所</u>，当场就哭了，她说，这是什么<u>王法</u>，这个小畜生，光是管教一下就行了吗？包丽君开后门开到法庭来了，<u>她本事通天</u>！早知道这样我就不告了，我自己动手，看我不把这个小畜生给<u>阉</u>了！

纸终于没能包住火。很快春耕和锦红的事情在街上传得<u>沸沸扬扬</u>的，人们在市场和杂货店看见包丽君便<u>左</u>

右为难，不知说点什么好，所以打量她的眼神显得有点鬼鬼祟祟的，看见李文芝，则更加不知所措，自从发生生了这件事情后，热情爽朗的李文芝就像变了一个人，走在街上，谁也不理，而且铁青着个脸，好像随时准备要杀人。

春耕是从街上消失了。锦红也不容易看见，据说李文芝后来给锦红定了规矩，除了上学，锦红不能迈出家门一步。这就好像不允许猴子爬树，不允许猫捉老鼠一样，对锦红是一个天大的惩罚。邻居们常常听见锦红在家里的哭闹声，有一天他们看见李文芝怒气冲天地跑出来，把一柄绿绸面的花雨伞砸在地上，她在雨伞上踩了一气，还不解恨，又捡起来，把雨伞仍到了她家的屋顶上。

锦红惊天动地的哭声使这条香椿树街颤索了，许多人都向李文芝家跑，等他们到达李文芝家，事情已经结束，李文芝关上了她家的门，而锦红的哭声也突然沉寂下来。看热闹的人不甘心，他们凑到李文芝家临街的窗户上向里面张望，正好遇到李文芝在窗玻璃上糊报纸，有人眼尖，看见锦红一边抹着眼泪，一边帮她母亲糊窗子。可怜的锦红，她哭过了就做事，替母亲扶着凳子，手里还端着一碗浆糊。

锦红的故事也是一把折断的雨伞，随着有人修好雨伞，再次把伞打开已经二十年以后了。

一个人在二十年中可以经历许多事情，对于锦红来说，她的履历写满了不幸。她的不幸五花八门：早年丧父（她父亲是个卡车司机，有一年除夕急着从外地赶回家过年，出了车祸），童年受辱失身（这事大家都知道了，不宜再提），少女时代得过腮腺炎、甲状腺炎，还得过肝炎（这使锦红的肤色灰暗，眼睛像鱼一样向外面鼓起来。不适宜体力劳动，招工的时候勉强进了油品仓库当保管员，仓库在很远的郊外，每天上下班恰好最需要体力）。最主要的不幸当然是她的婚姻。锦红的丈夫是李文芝相中的，是个干力气活的建筑工人，李文芝认定女婿忠实可靠，对锦红会好，李文芝的判断没有什么错误，那男人的品德没有问题，问题是出在难于启齿的方面，女婿天天要做那件事，锦红天天拒绝那件事。女婿恼羞成怒，就开始打锦红，起初是威吓性质的，打得不重，后来看锦红在这事情上毫不妥协，就开始大打出手。锦红也古怪，情愿受皮肉之苦，也不愿意与丈夫行房笫之事，那个建筑工人头脑简单，也不打听一下锦红的身世，一味地用暴力解决问题，有一次用皮带襻子把锦红的额头打出了一个洞，锦红用手帕捂着额头跑回了家，浑身上下都是血，一进家门就说，妈，看你给我找的好人家！李文芝又急又气，替锦红包扎伤口时，随口问了几句，都问在了点子上，于是就知道是怎么一回事了，李文芝也不尽是护犊子，她说，你这个死脾气，也是找打，天下哪对夫妻不做那号事，他打你，一半是他错，一半是你错。锦红一听这话就呜呜哭开了，说，那你让他把我打死算了，打死我我也不跟他做！锦红把母亲推开了，李文芝站在一边，恨铁不成钢地看着她，过了一会儿，她醒过神来，卷起袖子说，不行，得去找他算帐，否则他以为我们孤儿寡母好欺负，打上瘾了还得了？

李文芝集合了几个身强力壮的亲戚去找女婿算帐，走到铁路桥那里，正好看见春耕的修车铺子，春耕正在替人修理自行车。李文芝的腿一软，就蹲下来了，李文芝突然发现了一个祸害的根源，她蹲在路上，被痛苦压得站不起来，亲戚们问她，不去找小张算帐了？李文芝摇摇头，眼泪一下子溢满了她的眼眶，二十年以后李文芝再也无法在众人面前藏匿那段往事，李文芝指着春耕说，该打的是那个畜生，你们上去打他，往死里打，把他打死了，我去替你们偿命！

那些亲戚看见春耕向李文芝这里瞟了一眼，立刻就钻回到他的修车棚里去了。亲戚们都没有丧失理智，他们虽然记得那段令人难堪的往事，但谁会为了往事去侵犯一个街坊邻居呢，况且谁都沾过春耕的光，人家现在学好了，给邻居们补胎打气，一分钱也不收。亲戚们后来就本着大事化小的原则，把李文芝从春耕的修车棚那里劝走了，一直劝回了家，他们的态度很清楚，该打的要打，不该打的不打，如果李文芝原谅了她女婿，该打的也可以不打。

锦红的婚姻不伦不类地维持了好几年，她一直住在娘家，丈夫不答应，来搜她回去，李文芝出面调停，说回去可以，但有个条件，那件事情，一个星期最多做一次，女婿答应了，锦红却涨红脸叫起来，一次也不行，要做你跟他去做！李文芝气得扇了锦红一个耳光，李文芝说，你这个死人样子，结什么婚，世上女人结婚都要做那事的，你这么倔，只好嫁太监！锦红还是很冲动，说，谁要嫁人，是你逼我嫁的！李文芝是做惯了女儿主的，偏偏在这种事情上没法做她的主，李文芝是又气又急，听见炉子上水煮开了，正要走过去的时候人突然不会动弹了，李文芝僵硬地站在那里，眼睛愤怒地斜视着锦红，嘴巴也是歪斜的，锦红尖叫起来，上去抱住了母亲，她的丈夫这个时候反应倒是很快，说，大概是中风了。你看你，把你妈气中风了。

所以锦红的不幸好比六月的梅雨，梅雨一场一场地下，她却没有了那把伞，不幸的雨点每一次都瞄准她，及时地落下，不让锦红有任何走运的机会。锦红是认命的，冬天邻居们看见锦红扶她母亲出来晒太阳，喂她吃饭，夏天锦红把母亲抱到一只大木盆里，为她洗澡，洗好了还要搽上一脖子的痱子粉。锦红做这些事情时无怨无恨，邻居们突然记起锦红是嫁了人的，怎么光是伺候母亲，丈夫也不要了，家也不要了，他们绕着圈子问锦红，锦红从不回答不该回答的问题，倒是李文芝，虽然说话不利落了，还是用简短的回答打发了那些好事的邻居，离—了，她说，畜—生。后面这句话当然是骂她女婿小张的，别人不会见怪。

锦红也许是世界上最应该离婚的人。她的离婚因此倒不能算是不幸。锦红有的时候愿意和她的小学同学小玉说点知心话，锦红向小玉描述了她离开丈夫的最后的时刻，她说她回家正好撞见她丈夫和一个女人在做那件事，丈夫和那个女人都很慌张，他们盯着她，防备她做出什么举动，但锦红什么也没做，她从床边绕过去，拿了东西就走了。小玉听了很惊讶，问锦红，你回家拿什么？锦红说，雨伞，拿一把雨伞。我最喜欢那把雨伞。

二十年过去以后锦红仍然酷爱雨伞，也许这是锦红的故事能够讲到最后的唯一的理由。

李文芝在去世之前人很清楚，口齿也突然变得清楚了，她嘱咐自己的兄弟姐妹照顾锦红。人之将死，其言也善，李文芝却特别，她对兄弟姐妹说，你们如果亏待了锦红，我变了鬼魂也不会放过你们。一边的亲人都听得倒吸了一口凉气。

锦红一个人留在了世上。锦红的头发上别着一朵白花在香椿街上来来往往，面容有点憔悴，肤色还是粗糙而焦黄，但看她的样子也没有什么受难的迹象，她一个人住在她出生长大的房子里，似乎一生从来没有离开过这间房子。她的舅舅和姨妈信守诺言，经常带着吃的用的来看她，锦红却嫌烦，而且从来也不掩饰她的厌烦情绪，你们别来，她说，你们不来烦我就是照顾我了，有空去照顾照顾你们自己的孩子。锦红的一个舅妈来给锦红说媒，锦红居然把她从门里推了出来，舅妈见不得这种不知好歹的脾气，拍腿跺脚地说，我再管她的闲事我就是狗，让她妈妈的鬼魂来找我好了，鬼魂怎么的，鬼魂也要讲道理！

没有人知道锦红对未来的生活有何打算。她的亲戚同样也不知道。锦红对她的同学小玉是比较亲近的，她告诉小玉别再为她介绍对象。我迟早是要结婚的，锦红说，没你们的事，我心里有主张。小玉曾想打探那个人选，费尽了口舌也没成功，只是听锦红说，妈妈反正不在了，我的事我自己做主。

谁也猜不到锦红心里的那个人。也许这会儿有聪明的读者已经猜到了那个人，猜到了也没关系，反正锦红的故事说得差不多了。

锦红生命中值得纪念的第二个雨天很快来临了。那是一个大雨滂沱的日子，傍晚时分下班的人群顶着雨披骑着自行车仓皇穿越雨雾，街上一片嘈杂。锦红扶车站在铁路桥的桥洞里，她没带任何雨具，看样子她是在躲雨，小玉路过桥洞时看见锦红，她停下来要把雨披借给锦红，锦红摇头，她说是自行车的车胎被扎破了。小玉顺手指了指旁边春耕的修车棚，说，那赶快去补胎呀。锦红笑了笑，说，是呀，得去补胎。小玉骑上车以后才意识到自己的建议不合理，她也是知道锦红和春耕二十年前的过节的，小玉回头看看锦红，正好看见锦红在桥洞里打开一把雨伞，一把玫瑰红色的尼龙伞，小玉还纳闷呢，她带着伞，离家又这么近，为什么站在桥洞里躲雨呢？

二十年以后锦红打着一把玫瑰红的雨伞向春耕的车棚走去。春耕对即将发生的传奇毫无察觉，他看见一把雨伞突然挤进了他的局促的修车棚，许多水珠洒落在地上，然后他看见一个女人的脸从雨伞后面露出来，是锦红的脸，锦红的神情很平静，但她的嘴唇在颤动，锦红枯瘦的面颊上很干燥，没有淋雨的痕迹，可是她的眼睛里积满了水，她的眼睛里在下雨。

锦红坐了下来，坐在一只小马扎上，身体散发着隐隐的雾气。她的目光省略了春耕的脸，在他的膝盖和手之间游移不定。

春耕不敢相信自己的眼睛，他的手上还抓着一团擦油用的纱团，你来干什么，春耕没法掩饰他的慌乱，他把纱团塞进了裤子口袋，你要修车吗？

锦红仍然盯着春耕的膝盖，锦红说，今天我送上门来了，我们的事，得有个结果。

什么结果？什么结果不结果的。春耕嘟囔着，向后面缩了缩，他说，都过去二十年了，你没看见这二十年我是怎么过来的？你还要什么结果。

你在装傻？锦红说，我送上门来。难道是找你来算帐的？你这样装傻可不行。你一直是一个人，我现在也是一个人过，我的意思，你要我先开口吗？

春耕这回听清楚了，春耕还是不相信自己的耳朵，二十年的往事在这个瞬间全部泛上了心头。春耕有点害怕，有点茫然，有一点惊喜的感觉，也有一点虫咬似的悲伤。春耕不敢相信自己的眼睛，他看见锦红的一只手迟疑地解开了衬衣的第一颗纽扣，锦红浅短的乳沟半掩半露，一颗暗红色的疣子清晰可见。春耕突然嘿嘿地笑了，你是糊涂了？他说，你没听说我跟冷娟的事？卤菜店的冷娟。我们好了两年了，别人都知道，你不知道？

锦红湿润的身子颤抖了几下，她的胸腔内部一定发出了尖叫声，只是春耕没有听见。她没有叫出声音来。锦红的目光变得僵直，一点一点地下坠，落在春耕的鞋子上。是一双穿破了的旅游鞋，鞋帮上沾了一块湿泥。锦红慢慢地伸出一只手，把那块湿泥抠掉了。锦红突然清了清嗓子，说，如果我和冷娟都愿意，愿意跟你，你会选谁？

春耕用一种近乎好奇的眼神看着锦红，很明显他想笑，因为忍着不笑，他说话的声音听起来有点轻佻，选你—春耕模仿某种笑话的程式，拉长了声调说，那是不可能的。当然选冷娟，她长得漂亮。

春耕说完就后悔了。他看见锦红跳起来，锦红满脸是泪。锦红抓着雨伞像抓着一把复仇之剑向春耕扑来，伞尖直刺春耕，第一下刺到了春耕的胳膊，第二下刺到了春耕的大腿，第三下却扑了空。锦红栽倒在一堆废弃的自行车轮胎中，一动也不动。春耕吓坏了，正要去拉锦红，锦红已经爬了起来，敏捷地躲开了春耕的手。锦红脸色煞白，站在门口整理着衣服，她向车棚的外面张望着，东面看一看，西面看一看，前面也看一看，然后飞快地冲了出去。

大概是一个星期以后，锦红的姨妈到春耕这里来补胎，小玉恰好也来打气。春耕听见两个女人在谈论锦红的再婚。提起锦红，春耕便觉得胳膊上和大腿上的伤处隐隐作痛，幸亏她们谈得更多的是锦红的新丈夫。姨妈说锦红是瞎了眼睛，挑那么个男人，快五十了，还有糖

<u>尿病</u>！小玉依然是为她的朋友说话，她说，锦红自己有
主张，她早就选好老梁了。老梁会对锦红好的，锦红看
人的眼光，不会错的。

　　春耕没说什么。女人说话时春耕从不<u>插嘴</u>。他一直
<u>耐心地</u>听两个女人说话，等到事情都做完了，春耕从车
棚里抓出一把雨伞来，塞给锦红的姨妈，说，是锦红的
伞，替我还给她。

词汇

仓库	cāngkù	*n* warehouse
捞	lāo	*v* to get improperly
绸布	chóubù	*n* silk cloth
洒	sǎ	*v* to sprinkle; to scatter; to spill
蘑菇	mógu	*n* mushroom
柄	bǐng	*n* handle
有机玻璃	yǒujībōli	*n* plexiglass
嵌	qiàn	*v* to embed; to inlay with
玫瑰	méiguì	*n* rose
水晶	shuǐjīng	*n* crystal
宝石	bǎoshí	*n* precious stone; gem
归	guī	*v* to belong
存心	cúnxīn	*adv* intentionally; on purpose
过不去	guòbuqù	*vp* to be hard on
冲	chòng	*prep* facing; towards
屋檐	wūyán	*n* eaves

冲	chōng	*v* to rush; to dash
丫头	yātou	*n* (方言) girl
短脚	duǎnjiǎo	*adj* short; brief
数落	shǔluo	*v* (方言) to scold; to rebuke
慌慌张张	huānghuang zhāngzhāng	*adj* in a flurried manner
啪啪	pāpā	*on* pattering sound
沉寂	chénjì	*adj* quiet; silent
慌乱	huāngluàn	*adj* flustered; bustling
气氛	qìfēn	*n* atmosphere; ambience
安慰	ānwèi	*v* to comfort; to console
抢救	qiǎngjiù	*v* to rush to save
晾	liàng	*v* to dry in air/sun
三角架	sānjiǎojià	*n* triangle rack/stand; tripod drying rack
撞翻	zhuàngfān	*vr* to knock over
操着	cāozhe	*v* to speak with
绍兴	Shàoxīng	*n* a city in Zhejiang Province
尖叫	jiānjiào	*v* to scream
肺炎	fèiyán	*n* pneumonia
顶	dǐng	*v* to carry on the head
手帕	shǒupà	*n* (方言) handkerchief
瞟了一眼	piǎoleyīyǎn	*vp* to look sideways at
中央	zhōngyāng	*n* middle; center
张望	zhāngwàng	*v* to look around; to peep
开屏	kāipíng	*vo* to spread its tail (of a peacock)
孔雀	kǒngquè	*n* peacock

依靠	yīkào	*v* to lean against
犹豫	yóuyù	*v* to hesitate
机灵	jīling	*adj* clever; (thinking) quickly
撒…谎	sā…huǎng	*vo* (口语) to tell a lie
惊讶	jīngyà	*adj* amazed; astounded
编造	biānzào	*v* to fabricate; to make up
蛮横	mánhèng	*adj* overbearing; rough
掰开	bāikāi	*vr* to break open; to break in two
竟然	jìngrán	*adv* unexpectedly; to one's surprise
筋斗	jīndǒu	*n* somersault
奔逃	bēntáo	*v* to flee; to run away
求救	qiújiù	*v* to ask for help
咯咯	gēgē	*on* the sound of chuckling; heh heh
毕竟	bìjìng	*adv* after all
卡	qiǎ	*v* to wedge; to stick; to get stuck
叉…腰	chā…yāo	*vo* to stand with hands on hips
惹…祸	rě…huò	*vo* to ask/cause disaster
多嘴	duōzuǐ	*vo* to speak out of turn
端详	duānxiáng	*v* to look up and down
接触	jiēchù	*v* to contact; to touch
够	gòu	*v* to reach (a certain point)
绰号	chuòhào	*n* nickname
跺脚	duòjiǎo	*vo* to stamp feet
惹恼	rě'nǎo	*v* to provoke; to offend
瞪	dèng	*v* to stare at; to glare

惊恐	jīngkǒng	*adj* terrified; panic-stricken
预感	yùgǎn	*v* to have a premonition
狂怒	kuángnù	*n* raging fury
撕	sī	*v* to tear; to rip
碎片	suìpiàn	*n* pieces
鉴别	jiànbié	*v* to distinguish; to differentiate
导致	dǎozhì	*v* to lead to; to result in
灾难	zāinàn	*n* suffering; disaster; catastrophe
汗毛	hànmáo	*n* fine hair on human body
拳头	quántou	*n* fist
知觉	zhījué	*n* consciousness
私处	sīchù	*n* genitals (esp.of females)
强烈	qiángliè	*adj* intense; sharp
唤醒	huànxǐng	*v* to wake up
浮	fú	*v* to float
深不可测	shēnbùkěcè	*ap* fathomless; beyond comprehension
发呆	fādāi	*vo* to be in a daze; to stare blankly
竭力	jiélì	*adv* try one's best
幽暗	yōu'àn	*adj* dim; gloomy
依稀	yīxī	*adj* vague; dim
五斗橱	wǔdǒuchú	*n* five-drawer cabinet
台钟	táizhōng	*n* table clock
塑料	sùliào	*n* plastics
扭（过头）	niǔ(guotóu)	*v* to turn (one's head)
黝黑	yǒuhēi	*adj* dark; swarthy

呻吟	shēnyín	*v* to groan; to moan
缝隙	fèngxī	*n* chink; crack
闪烁	shǎnshuò	*v* to twinkle; to flicker
光芒	guāngmáng	*n* rays of light
遭遇	zāoyù	*n* misfortune; hard lot
火腿	huǒtuǐ	*n* ham
谢罪	xièzuì	*vo* to apologize for offense
拒	jù	*v* to resist; to reject
咬牙切齿地	yǎoyáqièchǐde	*adp* gnash one's teeth
法庭	fǎtíng	*n* court
杂种	zázhǒng	*n* bastard; son of a bitch
畜生	chùsheng	*n* beast; dirty swine
掐	qiā	*v* to strangle
份上	fènshàng	*n* level; degree
掉脸	diàoliǎn	*vo* to turn one's (head)
托	tuō	*v* to ask/request someone to do something
贞操	zhēncāo	*n* virginity (of women); chastity
局面	júmiàn	*n* aspect; situation
有备而来	yǒubèi'érlái	*vp* well prepared to come here
招数	zhāoshù	*n* move; idea; plan
奏效	zòuxiào	*vo* to be effective/successful; to prove effective
贿赂	huìlù	*n* bribery; *v* to bribe
茫然	mángrán	*adj* ignorant; in the dark; at a loss
闪开	shǎnkāi	*vr* to jump aside; to dodge
顺势	shùnshì	*vo* to seize opportunity

讪讪地	shànshànde	*adv* embarrassedly; ill at easefully
憋	biē	*v* to get out with difficulty
潜台词	qiántáicí	*n* hidden meaning
剐	guǎ	*v* to cut to pieces
决绝	juéjué	*adj* firm; resolute
激怒	jīnù	*v* to enrage; to infuriate
由不得	yóubude	*vp* to be beyond control of; cannot help
不卑不亢	bùbēibùkàng	*ap* neither obsequious nor supercilious
异常	yìcháng	*adj* unusual, extraordinary; *adv* unusually, extraordinarily
冷静	lěngjìng	*adj* calm; sober
语气	yǔqì	*n* tone; manner of speaking
彻底	chèdǐ	*adv* thoroughly
底牌	dǐpái	*n* cards in one's hand; trump card
少年管教所	shàonián guǎnjiaosuǒ	*n* juvenile reeducation center
王法	wángfǎ	*n* law
本事通天	běnshìtōngtiān	*vp* to have direct access to highest authorities
阉	yān	*v* to castrate
沸沸扬扬	fèifèiyángyáng	*ap* talked about by everyone; *lit* bubbling noisily
左右为难	zuǒyòuwéinán	*vp* to be in a dilemma/predicament
打量	dǎliang	*v* to look at; measure with the eye
眼神	yǎnshén	*n* expression in one's eyes
鬼鬼祟祟	guǐguǐsuìsuì	*ap* furtive; stealthy
爽朗	shuǎnglǎng	*adj* candid; hearty
铁青	tiěqīng	*v* to become ashen; to go ghastly pale

迈	mài	*v* to step
惩罚	chěngfá	*v* to punish
怒气冲天	nùqìchōngtiān	*vp* be in towering rage
砸	zá	*v* to smash; to break
解恨	jiěhèn	*vo* to get even with
惊天动地	jīngtiāndòngdì	*ap* shake the earth
颤索	chànsuǒ	*v* to shake; to vibrate
不甘心	bùgānxīn	*v* to not be satisfied; to be discontented
凑	còu	*v* to gather together; to crowd
糊	hū	*v* to plaster
眼尖	yǎnjiān	*ap* (口语) sharp-eyed
抹	mǒ	*v* to wipe
扶	fú	*v* to support with hand
凳子	dèngzi	*n* stool; bench
浆糊	jiànghu	*n* paste
履历	lǚlì	*n* curriculum vitae; resume
五花八门	wǔhuābāmén	*ap* multifarious
受辱	shòurǔ	*v* to be insulted
失身	shīshēn	*v* to lose virginity
宜	yí	*adj* appropriate
腮腺炎	sāixiànyán	*n* parotitis; severe swelling of the side of the face
甲状腺炎	jiǎzhuàngxiànyán	*n* thyroiditis
肝炎	gānyán	*n* hepatitis
鼓	gǔ	*v* here: to protrude
保管员	bǎoguǎnyuán	*n* custodian; warehouse keeper

相中	xiāngzhòng	*v* to select according to one's like
认定	rèndìng	*v* to be convince
忠实可靠	zhōngshíkěkào	*adj* faithful and trustworthy/reliable
判断	pànduàn	*n* judgment
品德	pǐndé	*n* moral character
难于启齿	nányúqǐchǐ	*ap* hard to bring the matter up
拒绝	jùjué	*v* to refuse; to reject
恼羞成怒	nǎoxiūchéngnù	*ap* be shamed into anger
威吓	wēihè	*v* to threaten; to bully
妥协	tuǒxié	*v* to compromise
古怪	gǔguài	*adj* eccentric; odd; strange
房笫之事	fángzǐzhīshì	*n* sexual intercourse
一味	yīwèi	*adv* blindly; stubbornly
襻子	pànzi	*n* loop for fastening button
额头	é'tóu	*n* forehead
捂	wǔ	*v* to cover
浑身上下	húnshēnshàngxià	*adp* from head to toe; all over
包扎	bāozā	*v* to wrap/bind up
点子	diǎnzi	*n* key point
护犊子	hùdúzi	*vo* to protect one's calf (child)
呜呜	wūwū	*on* hoot
恨铁不成钢	hèntiěbù chénggāng	*id* set high demands on someone's improvement
卷	juǎn	*v* to roll up
袖子	xiùzi	*n* sleeve
孤儿寡母	gū'érguǎmǔ	*id* orphans and widows

欺负	qīfu	*v* to take advantage of
上瘾	shàngyǐn	*vo* to become addicted something
祸害	huòhài	*n* disaster
根源	gēnyuán	*n* root; origin
溢	yì	*v* to overflow; to brim over
眼眶	yǎnkuàng	*n* eye socket; rim of the eye
藏匿	cángnì	*v* to conceal; to hide
偿命	chángmìng	*vo* to pay with one's life
瞟	piǎo	*v* to glance sidelong at
钻	zuān	*v* to get into; to make one's way into
丧失理智	sàngshīlǐzhì	*vo* to lose reason/intellect
难堪	nánkān	*adj* embarrassed; unbearable
侵犯	qīnfàn	*v* to violate; to infringe on (someone's rights)
沾…光	zhān…guāng	*vo* to benefit from
补胎	bǔtāi	*v* to patch tires
打气	dǎqì	*v* to inflate tires
本着	běnzhe	*prep* according to; on the basis of
大事化小	dàshìhuàxiǎo	*vp* to turn big problems into small problems
原则	yuánzé	*n* principle
原谅	yuánliàng	*v* to excuse
不伦不类	bùlúnbùlèi	*id* nondescript
维持	wéichí	*v* to maintain; to keep
娘家	niángjia	*n* married woman's parents' home
拽	zhuài	*v* to pull; to drag; to bring back
调停	tiáotíng	*v* to mediate; to intervene

扇…耳光	shān…ěrguāng	*vo* to slap on the face
倔	juè	*adj* stubborn; unbending
太监	tàijiān	*n* palace eunuch
冲动	chōngdòng	*v* to be impetuous
动弹	dòngtan	*v* to move
僵硬	jiāngyìng	*adj* stiff; rigid
愤怒	fènnù	*adj* indignant; angry
斜视	xiéshì	*v* to cast a sidelong glance
歪斜	wāixié	*adj* crooked; slanted; twisted
中风	zhòngfēng	*v* to have a stroke
梅雨	méiyǔ	*n* rainy season
瞄准	miáozhǔn	*v* to take aim at
认命	rènmìng	*vo* to accept fate
喂	wèi	*v* to feed
木盆	mùpén	*n* wooden basin/tub
搽	chá	*v* to apply
脖子	bózi	*n* neck
痱子粉	fèizifěn	*n* prickly heat powder
无怨无恨	wúyuànwúhèn	*vp* without resentment and hatred
伺候	cìhou	*v* to serve; to take care of
绕…圈子	rào…quānzi	*vo* to wind; to go around in circles; here: to beat around the bush
利落	lìluo	*adj* agile; nimble; dexterous
好事	hàoshì	*adj* meddlesome
见怪	jiànguài	*v* to mind; to take offense
知心话	zhīxīnhuà	*n* heart-to-heart talk

描述	miáoshù	*v* to describe
撞见	zhuàngjiàn	*vr* to meet unexpectedly
盯	dīng	*v* to gaze/stare at
防备	fángbèi	*v* to guard against
举动	jǔdòng	*n* movement
酷爱	kù'ài	*v* to ardently love; to love deeply
口齿	kǒuchǐ	*n* ability to talk
嘱咐	zhǔfu	*v* to enjoin; to urge; to advise
其	qí	*pron* (文言) his; her; its; their; he; she; it; that; such
亏待	kuīdài	*v* to treat shabbily
鬼魂	guǐhún	*n* ghostly spirit; apparition
别	bié	*v* to stick in
憔悴	qiáocuì	*adj* wan and thin; haggard
粗糙	cūcāo	*adj* rough; coarse
焦黄	jiāohuáng	*adj* sallow; dark and yellowish
受难	shòunàn	*vo* to suffer calamity
迹象	jìxiàng	*n* sign; indication
信守诺言	xìnshǒunuòyán	*vo* stand by one's promise
嫌	xián	*v* to dislike; to mind
掩饰	yǎnshì	*v* to cover up
情绪	qíngxù	*n* emotions; feeling
说媒	shuōméi	*vo* to act as matchmaker
不知好歹	bùzhīhǎodǎi	*vp* not know what's best for one
拍腿跺脚	pāituǐduòjiǎo	*vp* to clap/pat one's leg and stamp one's foot
迟早	chízǎo	*adv* sooner or later

打探	dǎtàn	*v* to make inquiries
值得	zhíde	*adj* worth; deserving
滂沱	pāngtuó	*adj* torrential
雨披	yǔpī	*n* raincoat; raincape
仓皇	cānghuáng	*adv* in a flurry/panic
穿越	chuānyuè	*v* to pass through
嘈杂	cāozá	*adj* noisy
躲	duǒ	*v* to avoid
扎破	zhāpò	*vr* to prick; to pierce
顺手	shùnshǒu	*adv* without extra trouble; do something as a natural consequence
过节	guòjié	*n* past (fault/mistake) event
纳闷	nàmèn	*vo* (口语) to be puzzled; to wonder
即将	jíjiāng	*adv* about to; on the point of; soon
察觉	chájué	*v* to realize; to be aware
挤进	jǐjìn	*vr* to squeeze in
局促	júcù	*adj* narrow; cramped
洒落	sǎluò	*v* to sprinkle; to spray; to fall
颤抖	chàndǒu	*v* to shake; to quiver
枯瘦	kūshòu	*adj* withered and thin; emaciated; skinny
面颊	miànjiá	*n* cheek
淋雨	línyǔ	*v* to be drenched with rain
马扎	mǎzhá	*n* campstool; folding stool
散发	sànfā	*v* to send out/forth
隐隐	yǐnyǐn	*adj* indistinct; faint
省略	shěnglüè	*v* to leave out; to omit

膝盖	xīgài	*n* knee
游移	yóuyí	*v* to waver; to vacillate
纱团	shātuán	*n* gauze ball
塞	sāi	*v* to stuff in
嘟囔	dūnang	*v* to mumble to oneself
缩	suō	*v* to draw back; to shrink back
装傻	zhuāngshǎ	*vo* to pretend not to understand; to play the fool
瞬间	shùnjiān	*adv* in a twinkling
泛	fàn	*v* to float (up)
心头	xīntóu	*n* mind; heart
迟疑	chíyí	*v* to hesitate
纽扣	niǔkòu	*n* button
乳沟	rǔgōu	*n* cleavage between the breasts
半掩半露	bànyǎnbànlù	*vp* to half cover up and half reveal
疣子	yóuzi	*n* wart
清晰	qīngxī	*adj* distinct; clear (or sound/view)
卤菜	lǔcài	*n* pot-stewed meat dish
湿润	shīrùn	*adj* moist
胸腔	xiōngqiāng	*n* thoracic cavity
僵直	jiāngzhí	*adj* looking straight ahead; stiff; rigid
下坠	xiàzhuì	*v* to fall; to weigh down
鞋帮	xiébāng	*n* upper (of a shoe)
沾	zhān	*v* to be stained with
湿泥	shīní	*n* wet mud
抠	kōu	*v* to dig/pick out

嗓子	sǎngzi	*n* throat; voice
近乎	jìnhū	*adj* close (to)
轻佻	qīngtiāo	*adj* frivolous; capricious
模仿	mófǎng	*v* to imitate
程式	chéngshì	*n* pattern; form
后悔	hòuhuǐ	*v* to regret
满脸	mǎnliǎn	*n* entire face
复仇	fùchóu	*vo* to revenge
刺	cì	*v* to stab
胳膊	gēbo	*n* arm
大腿	dàtuǐ	*n* thigh
栽倒	zāidǎo	*vr* to fall down
废弃	fèiqì	*v* to discard; to abandon
轮胎	lúntāi	*n* tire
敏捷地	mǐnjiéde	*adv* nimbly; quickly
煞白	shàbái	*adj* ghastly/deathly pale
恰好	qiàhǎo	*adv* just right; by coincidence
隐隐作痛	yǐnyǐnzuòtòng	*vp* to feel indistinct pain
瞎	xiā	*adj* blind
糖尿病	tángniàobìng	*n* diabetes
插嘴	chāzuǐ	*vo* to interrupt; to butt in
耐心地	nàixīnde	*adv* patiently

词语例句

顾不上 = have no time for

★ 锦红顾不上听母亲的数落，她慌慌张张地把伞打开。

1. 还有五分钟就要上课了，她顾不上吃早饭，拿起书包就往教室跑。

2. 因为最近公司里太忙，李林和她的丈夫每天都很晚才到家，顾不上检查孩子的学习和功课。

竟然（居然）= unexpectedly; to one's surprise

★ 一阵大风不知从何而来……那把雨伞竟然跳了起来。

1. 股票市场的情况很难预料，Enron不久前还是全美最有实力的大公司之一，现在竟然倒闭了。

2. 第一次见面时，他给我的印象很好，谁知道他竟然是个酒鬼，酗酒后还常常打人。

毕竟 = after all; all in all; in the final analysis

★ 毕竟是伞，它只有一条腿，跑不快。

1. 她的话也许不一定都对，但她毕竟是你母亲，说这些都是为你好。

2. 小孩子毕竟是小孩子，屁股坐不住，做一会儿功课就想出去玩儿。

偏（偏）= contrary to what is desired or expected in a situation

★ 她如果当时赶快把雨伞抓在手里就好了，可是她偏偏多嘴，站在那里叉着腰教训雨伞…

1. 我们本来想开车去波士顿，可是车偏偏坏了，所以只好坐火车了。

2. 妈妈让他先做功课，再看电视，可是他偏（偏）要先看电视，再做功课。

便 = 就

★ 春耕的拳头把锦红打出去很远，撞在墙上，锦红便失去了知觉。

1. 他听说母亲病重，便马上定了一张飞机票回去探望。
2. 坐了二十多个小时的飞机，我累极了，回到家里倒头便睡。

总算 = 终于; in the end; finally

★ 你去年托我买的自行车我一直放在心上，这回总算是弄到手啦。

1. 我在报纸上看了一个星期的广告，最后总算找到了一辆我喜欢的车。
2. 除夕之夜电话一直占线，我拨了一个钟头后终于打通了家里，在电话上给父母拜了年。

似乎 = 好像; it seems; as if

★ ⋯可是这一句话包丽君似乎很难出口。

1. 他最近似乎很忙，很久没有跟我联系了。
2. 北京人似乎都很喜欢谈政治，连出租汽车司机也开口闭口中美关系，亚洲经济什么的。

勉强 = reluctantly; reluctant

★ 锦红招工的时候勉强进了油品仓库当保管员。

1. 她很不喜欢跳舞，因为男朋友一再求她一起去，她才勉强去了。
2. 小李不喜欢参加社会活动，我请他加入大学的中国学生会的时候，他都很勉强。

否则（要不然，不然）= otherwise

★ ⋯不行，得去找他算帐，否则他以为我们孤儿寡妇的好欺负。

1. 圣诞节前飞机票不好买，你得一个月以前就订飞机票，否则，买不到便宜票。
2. 第一次去纽约一定得随身带上一张地图，否则，很容易迷路。

况且（而且）= furthermore; moreover

★ 谁会为了往事去侵犯一个街坊邻居呢，况且谁都沾过春耕的光。

1. 我暑假去中国是为了学习中文，况且还可以在中国旅游一下。

2. 我喜欢住在上海是因为那儿的生活很舒适，况且气候也比北京暖和一些。

倒 = contrary to one's expectation; contrarily

★ 她的离婚因此倒不能算是不幸。

1. 别看他表面上傻乎乎的，在大事上他倒一点儿都不傻。

2. 他平时花钱很节省，可是买书的时候倒毫不吝惜。只要是他喜欢的书，无论多贵他都不在乎。

反正 = anyway; anyhow; in any case

★ 妈妈反正不在了，我的事我自己做主。

1. 你不用着急把这本书还给我，我反正看完了，你就慢慢看吧。

2. 明天就大考了，你们还想去看电影？！你们一定要去就去吧，反正我不去。

讨论题

根据小说内容回答下列问题：

1. 你认为是什么原因导致了锦红的灾难？
2. 你认为春耕是不是一个强奸犯？为什么？
3. 事件发生以后，对锦红和春耕的生活都有什么影响？
4. 故事中的其他人物，比方说锦红的母亲李文芝，对这件事有什么样的反应？为什么邻居们回避谈论这件事，感到左右为难？
5. 出事后，如果两家人不通过法律手段私下解决，会有什么结果？这样对锦红和春耕是不是都有好处？
6. 是什么原因造成了锦红与她丈夫的关系破裂？
7. 为什么锦红想要和春耕结婚？
8. 如果锦红和春耕结婚，他们的关系会不会有问题？

请进一步思考和讨论以下问题：

1. 通过写未成年的春耕因一时的性冲动而强奸了小女孩锦红，作者揭示了中国社会存在的哪些问题？请从以下几个方面思考：

    (1)学校和家长缺乏对青少年正当的性教育。
    (2)社会上把男女性关系甚至爱情当作禁忌，青少年因此不知"情"与"欲"的区别，也不知应该怎样对待异性。
    (3)青少年缺乏法律观念，不知强奸是触犯法律，侵害人权的行为。

2. 通过写锦红的遭遇，作者试图从哪些角度探讨一个强奸受害者的不幸？请从以下几个方面思考：

    (1)锦红的名誉受到的损害。
    (2)锦红的凑合的婚姻和她对性生活的厌恶。
    (3)锦红和春耕的关系（锦红以为春耕爱她…）

3. 这篇小说虽短，故事和人物却都有相当的复杂性。春耕虽是锦红不幸的起因和肇事者，但是作者对他也不无同情，锦红虽是受害者，但她却对自己的不幸也不是完全没有责任的。你觉得作者为什么会同情春耕？从什么地方可以看出锦红对自己的不幸也有责任？

4. 小说的题目是"伞"。锦红的花雨伞在文中反复出现，特别是在故事的开头和结尾相互照应，请分析一下伞在小说中的象征意义。

阿咪的故事
A Mi's Story

王蒙 *Wang Meng*

王蒙，1934年生于北京。1953年创作长篇小说《青春万岁》。1956年发表短篇小说《组织部新来的年轻人》，由此被错划为右派。1958年后在京郊劳动改造。1963年起到新疆，在那里生活、工作了15年。1978年调到北京作协工作。后任《人民文学》主编、中国作协副主席、中共中央委员、文化部部长等职。

王蒙著有大量文学作品。如长篇小说《青春万岁》、《这边风景》，中短篇小说集《深的湖》。王蒙的作品反映了中国人民在前进道路上的坎坷历程。他也由初期的热情、纯真趋于后来的清醒、冷峻。王蒙从来没有放弃在创作中进行不倦地探索和创新，成为新时期文坛上创作最为丰硕、也最有活力的作家之一。

《阿咪的故事》发表于《小说界》1990年第二期。小说通过一个家庭养猫的经过，讽刺了人对动物的"宠爱"；暗示人把猫视为玩物，使它取悦于己，却并不考虑它的天性和需求。

Wang Meng was born in Beijing in 1934. When his novel *Long Live Youth* (1953) and story "The Young Newcomer in the Organization Department" (1956) were targeted in the 1958 Anti-Rightist Campaign, he was assigned to reform through manual labor in Beijing's rural outskirts, and in 1963 was sent to remote Xinjiang Province. Finally returning to Beijing in 1978, he worked for the Beijing Writers Association, later editing *People's Literature Magazine*. Among the important positions Wang has held are Chinese Writers Association vice-chair, Chinese Communist Party Central Committee member, and minister of culture.

Wang's many works include the novels *Long Live Youth* and *The Scenery on This Side* and the novella *Deep Lake.* His writing reflects the struggle of the Chinese people to move forward in turbulent times. His style has changed from innocent enthusiasm to sober and cold realism. Constantly and tirelessly exploring and reinventing himself, Wang has already become one of the most prolific and energetic writers in the "New Period"(mid-1980s—late-1990s) of Chinese literature.

"A Mi's Story" appeared in *Fiction World* in 1990. In describing a family's adoption of a cat, the story satirizes the human tendency to treat animals as playthings, without concern for their nature and needs.

◆

要不要养猫，怎么养呢？

女儿说："咱们住到平房小院了，快养一只猫吧。最<u>漂亮</u>、最<u>温柔</u>、最<u>招人疼</u>的动物就是猫。人有什么<u>不痛快</u>的事，一<u>摆弄</u>猫，就全忘啦。"

奶奶说："快养猫吧！昨天晚上，就在<u>暖气片</u>的下面，一只小<u>老鼠</u>爬来爬去，它根本就不怕人。等冬天来了，<u>野地</u>里的老鼠就要往人家跑，咱们家要是进了一<u>窝</u>老鼠……一窝变十窝……可就糟了大糕了！"

妻子说："养猫最<u>毁</u>东西，它没事要<u>磨爪子</u>，把地毯，把沙发巾，把<u>新潮</u>家具都会毁掉……又偷肉偷鱼偷奶，什么不吃它也要上桌子闻上一遍……再说，猫<u>屎</u>谁管？"

儿子说："对不起，我可不同意养猫。我儿子小辉刚生出两个多月，被猫抓了会得一种<u>特殊</u>的<u>儿科疾病</u>……叫作<u>舞蹈病</u>还是<u>黄热病</u>？"

女儿说："美国有一个家庭，不养猫，闹了<u>耗子</u>。后来他们的<u>襁褓</u>中的孩子被耗子咬掉了鼻子。"

"不要说话这样难听……"妻子<u>连忙</u><u>使眼色</u>。

儿媳妇说："养猫就要<u>剪掉</u>猫的爪子，还要给猫做（<u>去势</u>）<u>手术</u>，那样的猫就好养了。李院长，赵主任家的猫就是这样经过安全处理的。经过安全处理的猫，有猫的各种好处，没有猫的各种<u>缺点</u>。"

本文对原作做了一些删节。

最后由教授——一家之主做结论：第一，猫还是要养的；第二，为了猫道主义，不要给猫剪爪子做手术，不要妨碍猫的天性。再说，安全手术也是做不彻底的。比如去势，总不能去掉排泄机制。它不闹春了，仍然会闹尿闹屎；第三，如果养猫，必须确立一套规矩，不准猫进卧室、客厅、书房，只准猫进厨房、饭厅、锅炉房；当然，猫在户外的活动不受限制。为此，只能从很小很小培养起一只猫，使它适应咱们家的养猫规则、咱们家的猫的生活方式。

小猫来了，白色的细长毛，灰蓝色的眼睛，黑鼻头儿，红嘴，脑瓜顶上有两瓣黑斑。见到人，它发出细而长的声音。

"咪呜——"曲折有致。

"噢，它真是太娇小了，像个婴儿，而且，它和人是多么亲啊！你们看，它看着我们大家，那么信任，那么依赖，我简直要为它哭出来了！"女儿说。

"品种还是不错的，基本上还是波斯猫，当然，祖系不一定完全纯。白毛固然好看，但很容易染脏，一旦染脏了就非常恶心。太小，也不好养，多喂它一口馒头它就能撑死。问题还要看它是公猫还是母猫。公猫不如母猫讲干净。母猫会招一大堆公猫来……"儿子说。

"我最怕的就是猫在房顶上叫。"儿媳妇插嘴说，"叫起来我全身起鸡皮疙瘩。猫一旦乱跑起来，就更容易传染疫病……这个猫的皮毛和眼睛还是都不错的，但是它的下巴太尖，像猴，不像猫。猫头猫脸应该是圆笃笃的，不是吗？"

按照教授所确定的，能够被各方面所接受的原则开始养猫，母亲为猫找来了一个大木匣子作窝。奶奶专门为猫做了一个小褥子，虽然褥子里装的是旧棉絮，但对于猫来说，至少应该算是"四星级"旅社的条件了。女儿为猫准备了专门的食盘与水碗。奶奶吃饭的时候喜欢不断地给猫喂食，不断地与猫分享自己的食物：从炸油饼到红烧肉。儿子提出，过分地、毫无界限地把吃食任意提供给一只小猫，未必是可取的：一、猫可能会撑出病；二、许多食品因吃不了而变馊，是一种浪费；三、猫本来就有馋的缺点，如此满足供应，只能使猫的胃口比人的胃口更习更娇贵更贵族化，一旦肉食供应上出现了什么问题，人说不定挺得住而这只猫就会出现悲惨局面了。教授首肯了儿子的意见，认为对猫对人太娇惯了都没有好处。教授和他的妻子回忆说，三十年前他们养过一只猫，这个猫专门喜欢吃白薯皮、南瓜皮、烂白菜帮……像这样的饮食习惯就很值得肯定。儿媳妇甚至于说，她的娘家养过的一只黑猫，夏天的时候靠吃蜗牛和土鳖而生存——连白薯南瓜白菜皮都不用提供。女儿略带感情地说，她的一位女友家也养了一只猫，品种还不如咱们这只，但人家每天专门购买三角钱羊肝两角钱小鱼食之。底下的微词，她没有继续说。但大家认为女儿对猫的关怀和袒护，基本上也是理论性的—因为女儿一周之内，难得在家待上几个小时。奶奶趁着人们争论的机会把半块豆腐丢给了小猫，小猫不领情，对豆腐的反应是莫名其妙然后退避三舍。

　　不管人们在猫食问题上展开了怎么样的论争乃至吵闹，猫儿对饮食状况似乎并无大的不满。相反，对它的"四星级"卧榻却显出了十足的难以适应。白天晚上，它都不肯在木匣里呆。它总是凑到各个房间特别是客厅门口凄楚地哀叫，显然，它希望有人活动的房间能对它开放门户，希望人们能够容纳它的共存。开始，人们感到它的哀求的叫声婉转动情，充满着幼者弱者的天真无助与对主人的殷殷期待："你们不要我了么？放我进来吧，我只在一个角落呆一会儿……不要让我一个睡在厨房，离开主人我多么害怕……"它的曲折起伏的咪鸣声似乎在这样说。

　　"要不把猫放到屋子里来吧，怪可怜的……"教授说。

　　"小孩送托儿所还要哭两声呢，一个猫……"教授的妻子想了想，说。

　　于是教授推门走出，抱起猫，给以抚摸安慰，特别是帮助猫抓搔一下它的下巴至脖颈处，是猫"洗脸"的时候靠前爪够不着的那个地方，据说人这样抓搔一个猫是搔到了痒处，是对猫的最友善最恩惠堪称仁至义尽的表现。果然猫被教授抓到痒处以后喉头发出了幸福的咕噜咕噜声。然后教授像抱着自己的孙子去托儿所一样地抱着猫咪走入饭厅，亲手轻柔地把它置入"四星"榻，蹲下，以十足循循善诱的课堂授业声调对它说。

　　"阿咪，不要吵，不要闹，就在这里好好地睡觉，你看这儿多舒服呀……"教授尽到了自己的类于慈父的责任，他觉得自己对于猫够仁慈的了。

可能两小时以后，也可能一小时乃至半小时乃至十分钟五分钟一分钟以后，又传来了猫的哀鸣——它又跑到了卧房客厅门口，它等待着主人的接纳，它要的是人的亲昵而不是"四星"软席。

最动人的抒情曲在持续三分钟以后也会引起厌烦，如果是深夜或者是夏日中午人们好梦正酣的时候，嗷嗷的惨叫只能引起痛恨而不是怜惜。"这个猫真讨厌！""臭猫！""滚！"人们渐渐发出这一类语言信号。如果单凭语言——因为说到底人与猫并没有可以无误地进行交流的"共同语言"——不能停止猫的吵人清梦的咪喵花腔，接着人们就会开开门向猫大喝一声乃至轻轻踢它一脚，使它认识到它的所为已经很是不受欢迎了。

有一次，当儿子打开门准备给吵醒的猫以适度告诫的时候，不等告诫生效猫儿已经滋溜钻进了屋子。"死猫，进屋了。"儿子说。于是展开了对猫的围剿。猫吓得钻入柜子底下，抖个不住。人越伸手去捉它便钻得越深，似乎要钻入墙角墙缝。这种表现显得益发不高尚不光明正大不展样，甚至带有故意与人做对的含意：你不让它进屋它偏进屋；你想捉住它它偏藏藏躲躲不让你捉住它；它究竟要干什么？它找人追人哀鸣要求进屋，不就是和人亲么对人好喜欢人么？那它为什么不听人的话不合人的意而且和人对着干呢？它是不是陷入猫的怪圈了呢？它是不是陷入心思与行为动机与效果的矛盾中了呢？

反正它最后被捉出来了，它当然不是人的对手，它挨了一顿打，被抛入"四星"木匣。它的两眼大睁、上视，眼珠里反映着电灯泡的红光，本来的灰蓝色的眼睛变成令人不快的褐红色两枚子弹，不知道是猫眼充了血还是电灯光与波斯猫眼珠之间的光学反射作用，使猫眼变得那么褐红的骇人。人们不再用软语和爱抚来劝慰它安心木匣，而是咆哮着呵斥说：

"你再捣乱，揍不烂你！"

经过了许多次一次比一次严厉的训斥与体罚以后，猫似乎终于明白了也不得不接受了主人对自己的要求。它长大了，长胖了，除去吃饭喝水拉屎拉尿及其前前后后、懒洋洋地、漠然地伸伸腰，动动爪子和尾巴以外，不再走出木匣了，甚至连咪呜也很少了。它的嗓子似乎愈来愈嘶哑了，再一点就是猫越来越脏，它不再用自己的猫办法清洁皮毛了。白猫不白，这是非常难看的。

"这回猫倒挺老实的了。"

"可是这个猫太傻，太懒，太蔫！"

"脏死了……你看人家家里的波斯猫什么样儿！"

"这个猫是不是生理上有缺陷？怎么它不上房，不叫春？我看咱们养了个太监！"

"也可能不是生理缺陷而是心里变态吧。"

人们议论着，笑着。只有教授一人有点严肃又有点沉重，他说："我看这个猫的性格扭曲了。"人们笑了起来。他又说："我看它缺少的是爱呀！"他叹了一口气，大家沉默了。

"我常常不在家，"女儿说，"要不我就让它每天晚上睡到我身边……"儿子说："那好吧，'让世界充满爱'嘛！既然爸爸要给它爱，我看从今天晚上就让它睡到爸爸被窝里吧……"

教授摇摇头。人们又笑了。他甚至与妻子也是分床睡的，遑论一猫？教授的妻子说："别分析了。你这一辈子，什么事都分析，连一只猫也分析得叫人难受……除了分析，你又做了什么，你又做得了什么呢？"

教授苦笑着说："所以我是教授呀……我做不了兽医，也做不了屠夫……"此后的突然一天，猫不见了。

"四星"级的木匣子空空荡荡。猫食盘与猫水碗无"人"问津。当慷慨慈善的主人想把鱼头鱼刺鸡臀鸡爪牛肉硬筋赏赐给依赖人恩过活的小动物的时候，他们发现他们失去了施恩的对象。

有猫的时候常常觉得猫讨厌，甚至猫围着你的裤脚转、抓你的裤脚、舔你的脚趾头、向你乞怜邀宠也让你心烦，它多么碍事！你踩着它的爪子，它怪叫一声，倒叫你吓了一跳。而现在它没有了，你走路不会受到任何阻碍。你切好的酱牛肉摆在餐桌上也不需要加罩防范。晚上睡觉无需关好门，没有什么东西——除去关门也挡不住的苍蝇蚊子蟑螂细菌——会跑进来。当你想呵斥两声逞逞威风或者指桑骂槐地发发怒气的时候，你的主体失去了客体对象；对人逞威风与发怒气就没有那么便当了。

于是都有了失落感。

女儿呜呜地哭："它多么可怜呀！来到咱们家就没过过好日子……如果它被别人抱走，它也许会到受虐待的。我的一个朋友，他们家养猫是把猫拴在床头的，给猫上了套子、缰绳……他们对阿咪要是也这样可怎么办呀！"

教授的妻子到离家不远的一家个体饮食店买馅饼，看见了一只白猫，大小与那只波斯猫相仿，额头有一块黑斑，眼睛不是灰蓝而是暗黄。这个发现使全家非常激动，会不会是我们那只猫？会不会为猫做了整容、割了双眼皮、染了"发"并且染了眼珠？于是女儿和儿媳妇也去买馅饼，嘴里说买馅饼眼睛却盯住了猫，使女店主直眨巴眼、发毛。

不是"我们的猫"，三次核查以后，大家说。

这猫是怎么丢的呢？上房了？迷路了？猫还会迷路吗？出大门了，被抱走了？很可能。现在的道德水平太低，这样把人家的猫抱走，形同偷窃乃至抢劫，不知我国刑法对此种行为有没有制裁的规定。听说还有偷了猫去剥皮出售的呢，太残忍了。听说养鸽子的人在房上下夹，如果这个猫被猎夹打住，早就没了命了……谁下的夹？太缺德了！市政府应该明确规定，不准任意下夹……那天早上猫在吗？谁看见了？谁出了大门没关门？为什么这么好的一只猫竟没有人关心？

探讨了一番，没有结论，女儿再哭了一场。

一周之后，凌晨，全家都在沉睡，忽然听到阿咪的咪鸣声，声音响亮，完全没有哀求的意思，嗓子也毫不嘶哑了。

教授一个蹦子从床上跳下来，赤身穿上大衣去欢迎它。全家都起来了，欢呼着，欢迎这个猫。教授急急忙忙从冰箱里找来了牛肉和牛奶，准备用最新鲜的高质量的动物蛋白来欢迎这只猫。而且，他们打开了每一个房门。他们准备优礼有加地请猫进入任何它"认为方便"的房间。

咪咪，咪咪，……教授叫着，妻子叫着，儿子女儿叫着，儿媳妇也叫着。年已两岁的孙子醒了，也叫着。叫咪咪的合唱感人肺腑，催人泪下。

阿咪舐了舐牛奶，嗅了嗅牛肉。阿咪很瘦，毛显得很长，也挺脏。但它的眼睛闪闪发光，兴奋而且野性，好像刚刚打了一个胜仗。阿咪抬起头一个又一个地看着大家。几乎可以说是检阅。然后它走进一个又一个的房门，走进一个又一个它想进而不可得的房门，它看了每间房内的摆设。众人屏神静气，不出声。然后阿咪突然转身，一溜烟一样地爬上槐树，跳上屋顶，回身望了望惨叫着它的主人们，离去了。

词汇

温柔	wēnróu	*adj* gentle and soft
招人疼	zhāorénténg	*vp* to make/cause someone to love dearly
不痛快	bùtòngkuài	*adj* not happy
摆弄	bǎinòng	*v* to fiddle with
暖气片	nuǎnqìpiàn	*n* heating radiator

老鼠	lǎoshǔ	*n* mouse; rat
野地	yědì	*n* wild country; wilderness
窝	wō	*m* litter; brood
毁	huǐ	*v* to destroy; to ruin; to damage
磨	mó	*v* to grind; to polish; to rub
爪（子）	zhuǎ(zi)	*n* claw; paw
新潮	xīncháo	*n* new tide; fashion
屎	shǐ	*n* excrement; dropping; dung
特殊	tèshū	*adj* special; particular
儿科	érkē	*n* pediatrics
疾病	jíbìng	*n* disease; illness
舞蹈病	wǔdǎobìng	*n* chorea
黄热病	huángrèbìng	*n* yellow fever
耗子	hàozi	*n* (方言) mouse; rat
襁褓	qiǎngbǎo	*n* swaddling clothes
连忙	liánmáng	*adv* promptly; at once
使眼色	shǐyǎnsè	*vo* to wink (to give someone a hint)
剪掉	jiǎndiào	*vr* to trim; to cut (with scissors)
去势	qùshì	*v* (畜牧) to castrate; to fix
手术	shǒushù	*n* surgery
缺点	quēdiǎn	*n* shortcoming; weakness
结论	jiélùn	*n* conclusion
妨碍	fáng'ài	*v* to hamper; to obstruct
天性	tiānxìng	*n* nature
彻底	chèdǐ	*adj* thoroughgoing

排泄	páixiè	*v* to drain; to excrete
机制	jīzhì	*n* mechanism
闹春	nàochūn	*vo* to make disruptive noise when in heat (of animals)
确立	quèlì	*v* to establish firmly
规矩	guīju	*n* rule; custom
锅炉房	guōlúfáng	*n* boiler room
户外	hùwài	*n* outdoors
限制	xiànzhì	*v* to restrict; to confine
培养	péiyǎng	*v* to foster; to train
规则	guīzé	*n* rule; regulation
脑瓜顶	nǎoguādǐng	*n* (口语) top of the head
瓣	bàn	*n* petal; segment/section (of tangerine etc.)
斑	bān	*n* spot
咪呜	mīwu	*on* mew; meow
曲折有致	qūzhéyǒuzhì	*ap* complicated/winding of charm (here means melodious)
噢	ō	*int* of surprise
娇小	jiāoxiǎo	*adj* petite; dainty
婴儿	yīng'ér	*n* baby; infant
依赖	yīlài	*v* to rely/depend on
品种	pǐnzhǒng	*n* breed
基本上	jīběnshang	*adv* on the whole; basically
波斯猫	Bōsī māo	*n* Persian cat
祖系	zǔxì	*n* pedigree
纯	chún	*adj* pure; unmixed

固然	gùrán	*adv* no doubt; of course
染	rǎn	*v* to catch; to dye
恶心	ě'xin	*adj* disgusting; nauseating
喂	wèi	*v* to feed
馒头	mántou	*n* steamed bun
撑死	chēngsǐ	*vr* (口语) to die from overeating
公	gōng	*adj* male (of animals)
母	mǔ	*adj* female (of birds/animals etc.)
讲	jiǎng	*v* to pay attention to; to be particular about
招	zhāo	*v* to bring about; to cause
堆	duī	*m* 群; group/swarm/flock etc.
插嘴	chāzuǐ	*vo* to interrupt; break in
起鸡皮疙瘩	qǐjīpígēda	*vo* (口语) to have goose pimples
一旦	yīdàn	*conj* once; as soon as
传染	chuánrǎn	*v* to infect; to be contagious
疫病	yìbìng	*n* epidemic disease
皮毛	pímáo	*n* fur
下巴	xiàba	*n* lower jaw; chin
尖	jiān	*adj* (口语) pointed
猴	hóu	*n* monkey
圆笃笃	yuándǔdǔ	*adj* (口语) round
原则	yuánzé	*n* principle
木匣子	mùxiázi	*n* small wooden box/case; casket
窝	wō	*n* cat basket; *lit* lair; den; nest
专门	zhuānmén	*adv* specially

褥子	rùzi	*n* bedding; mattress
棉絮	miánxù	*n* cotton fiber/batting
四星级	sìxīngjí	*adj* four-star rank (hotel/restaurant)
不断地	bùduànde	*adv* unceasingly; continuously
分享	fēnxiǎng	*v* to share (joy/rights etc.); partake of
炸油饼	zháyóubǐng	*n* deep-fried cake
过分地	guòfènde	*adv* excessively; over
毫无界限	háowújièxiàn	*vo* to completely lack of limits/boundaries
任意	rènyì	*adv* willfully; arbitrarily
提供	tígōng	*v* to supply; to offer
未必	wèibì	*adv* may not; not necessarily
可取	kěqǔ	*adj* desirable; worth having
馊	sōu	*adj* sour; spoiled
浪费	làngfèi	*v* to waste
馋	chán	*adj* greedy; gluttonous
胃口	wèikǒu	*n* appetite
刁	diāo	*adj* tricky; artful; sly; here: picky
贵族化	guìzúhuà	*n* (become) noble/aristocrat
挺得住	tǐngdézhù	*vp* to be able to endure
悲惨局面	bēicǎnjúmiàn	*np* miserable situation
首肯	shǒukěn	*v* to nod approval
娇惯	jiāoguàn	*v* to pamper; to coddle
回忆	huíyì	*v* to recollect; to recall
白薯	báishǔ	*n* sweet potato
皮	pí	*n* skin

南瓜	nán'guā	*n* pumpkin
烂白菜帮	lànbáicàibāng	*n* mashed/rotten outer leaf of cabbage
饮食习惯	yǐnshíxíguàn	*n* diet habit
值得	zhíde	*v* to merit; to deserve
肯定	kěndìng	*v* to approve; to regard as positive
甚至于	shènzhìyú	*conj* even (to the point of); so much so that
蜗牛	wōniú	*n* snail
土鳖	tǔbiē	*n* ground beetle
生存	shēngcún	*v* to live; to survive
略带	lüèdài	*v* to slightly have/bring
购买	gòumǎi	*v* to purchase; to buy
羊肝	yánggān	*n* sheep liver
之	zhī	*pron* it; him; her; this
微词	wēicí	*n* veiled criticism
继续	jìxù	*v* to continue; to go on
关怀	guānhuái	*v* to show loving care/concern for
袒护	tǎnhù	*v* to shield (someone); be partial to
理论性	lǐlùnxìng	*n* theory
难得	nándé	*adv* seldom; rarely
趁着	chènzhe	*conj* while
领情	lǐngqíng	*vo* to feel grateful to someone; to appreciate kindness
退避三舍	tuìbìsānshè	*vp* to give way to someone; to assiduously avoid something
乃至	nǎizhì	*conj* even; go so far as to
吵闹	chǎonào	*v* to wrangle; to kick up a row

状况	zhuàngkuàng	*n* condition/state (of affairs)
似乎	sìhū	*adv* it seems; as if; seemingly
卧榻	wòtà	*n* low bed; couch
显出	xiǎnchū	*vr* 显示出来; to show
十足	shízú	*adj* 100 percent; downright
难以	nányǐ	*v* to be difficult to
适应	shìyìng	*v* to suit; to adapt; to get used to
凑到	còudào	*v* to approach/lean close to
凄楚	qīchǔ	*adj* (文言) wretched; pathetic
哀叫	āijiào	*v* to make a sorrowful sound
容纳	róngnà	*v* to have capacity for; to accommodate
共存	gòngcún	*v* to coexist
婉转动情	wǎnzhuǎn dòngqíng	*ap* sweet, agreeable and charming/touching (sound)
充满	chōngmǎn	*vr* to be brimming/permeated with
幼者	yòuzhě	*n* the young; children
弱者	ruòzhě	*n* the weak
天真无助	tiānzhēnwúzhù	*ap* innocent/naïve and helpless
殷殷期待	yīnyīnqīdài	*np* high expectation/hope
曲折起伏	qūzhéqǐfú	*ap* tortuous; rising and falling (of sound)
可怜	kělián	*adj* pitiable
托儿所	tuōérsuǒ	*n* nursery; child-care center
推	tuī	*v* to push
抱	bào	*v* to hold/carry in arms
给以	gěiyǐ	*v* to give; to grant
抚摸	fǔmō	*v* to touch and stroke gently

安慰	ānwèi	*v* to comfort
抓搔	zhuāsāo	*v* to grab/scratch
脖颈处	bójìngchù	*n* neck area
够不着	gòubùzháo	*vp* cannot reach (certain point/area)
痒处	yǎngchù	*n* itchy spot
友善	yǒushàn	*adj* friendly; amicable
恩惠	ēnhuì	*n* favor; grace
堪称	kānchēng	*v* can be rated as…
仁至义尽	rénzhìyìjìn	*vp* to fulfill moral obligation
喉头	hóutóu	*n* larynx; throat
幸福	xìngfú	*adj* happy
咕噜咕噜	gūlugūlu	*on* rumble; gurgle (here: purring)
轻柔	qīngróu	*adj* soft and gentle
置	zhì	*v* to place; to put
以	yǐ	*prep* using; taking
循循善诱	xúnxúnshànyòu	*vp* guide patiently and systematically
授业	shòuyè	*v* to teach; to tutor
声调	shēngdiào	*n* tone; note
慈父	cífù	*n* benevolent father
仁慈	réncí	*adj* benevolent
亲昵	qīnnì	*adj* very intimate; affectionate
软席	ruǎnxí	*n* soft seat (of passenger train)
抒情曲	shūqíngqǔ	*n* song/opera expressing emotions; lyric song
持续	chíxù	*v* to continue; to persist
厌烦	yànfán	*v* to be fed up with

好梦正酣	hǎomèng zhènghān	*vp* having a fond dream
嗷嗷	áo'áo	*on* animal/human cry
惨叫	cǎnjiào	*v* to scream
痛恨	tònghèn	*v* to hate bitterly
怜惜	liánxī	*v* to have pity for; to feel tenderness toward
滚	gǔn	*v* to get away
渐渐	jiànjiàn	*adv* gradually; little by little
信号	xìnhào	*n* signal
单凭	dānpíng	*v* to only rely/depend on
无误地	wúwùde	*adv* without mistakes, not incorrectly
花腔	huāqiāng	*n* coloratura soprano; guileful talk
大喝一声	dàhèyīshēng	*vp* to shout loudly
踢	tī	*v* to kick
所为	suǒwéi	*np* 所作所为; what one does
适度	shìdù	*adj* moderate
告诫	gàojiè	*v* to admonish; to exhort
生效	shēngxiào	*vo* to go into effect; to become effective
滋溜	zīliū	*adv* to sneak off/slip away
展开	zhǎnkāi	*vr* to spread out; to launch
围剿	wéijiǎo	*v* to encircle and suppress
抖个不住	dǒugebùzhù	*vp* to be unable to stop trembling/shaking
伸手	shēnshǒu	*vo* to stretch/hold out one's hand
墙角	qiángjiǎo	*n* corner (formed by two walls)
墙缝	qiángfèng	*n* crack/chink in the wall
益发	yìfā	*adv* all the more; increasingly

高尚	gāoshàng	*adj* noble; lofty
光明正大	guāngmíng zhèngdà	*ap* just and honorable
展样	zhǎnyàng	*adj* generous; elegant and composed
故意	gùyì	*adv* intentionally; willfully
与人做对	yǔrénzuòduì	*vo* to set oneself against others (here means humans)
含意	hányì	*n* meaning; implication
藏藏躲躲	cángcángduǒduǒ	*v* to conceal oneself; to go into hiding
合···意	hé...yì	*vo* to suit; to be to one's liking/taste
对着干	duìzhegàn	*vp* to adopt a confrontational policy; to set oneself against
心思	xīnsi	*n* thought; idea; thinking
行为动机	xíngwéidòngjī	*n* action/behavior and motive/intention
效果	xiàoguǒ	*n* effect; result
矛盾	máodùn	*n* contradiction
捉	zhuō	*v* to catch; to capture
对手	duìshǒu	*n* opponent; adversary
挨	ái	*v* to suffer/endure
抛	pāo	*v* to throw; to toss
睁	zhēng	*v* to open (the eyes)
眼珠	yǎnzhū	*n* eyeball
反映	fǎnyìng	*v* to reflect
电灯泡	diàndēngpào	*n* electric light bulb
褐红色	hèhóngsè	*n* reddish-brown color
枚	méi	*m* for coins/bullet etc.
子弹	zǐdàn	*n* bullet

充…血	chōng…xuè	*vo* to become bloodshot
光学	guāngxué	*n* optics
反射作用	fǎnshèzuòyòng	*n* reflection
骇人	hàirén	*adj* shocking; frightening
劝慰	quànwèi	*v* to console; to soothe
咆哮	páoxiào	*v* to roar; to thunder
呵斥	hēchì	*v* to scold loudly
捣乱	dǎoluàn	*vo* to cause disturbance; to make trouble
揍	zòu	*v* (口语) to beat
烂	làn	*adj* mashed
严厉	yánlì	*adj* stern; severe
训斥	xùnchì	*v* to reprimand; to rebuke
体罚	tǐfá	*n* corporal punishment
拉屎	lāshǐ	*vo* (口语) to move the bowels; to take a shit; to "go to the bathroom"
拉尿	lā'niào	*vo* (口语) to piss; to pee; to "go to the bathroom"
懒洋洋	lǎnyāngyāng	*adj* languid; indolent
漠然	mòrán	*adv* coldly; in an aloof manner
伸腰	shēnyāo	*vo* to stretch oneself
动爪子	dòngzhuǎzi	*vo* to move around the claw/paw
嗓子	sǎngzi	*n* voice
愈来愈	yùláiyù	*adv* more and more
嘶哑	sīyǎ	*adj* (口语) gravelly; husky
清洁	qīngjié	*v* to clean
老实	lǎoshi	*adj* honest; well-behaved; simple-minded

懒	lǎn	*adj* lazy; sluggish
蔫	niān	*adj* listless; spiritless
生理	shēnglǐ	*n* physiology
缺陷	quēxiàn	*n* flaw; shortcoming
叫春	jiàochūn	*vo* (of cats) making call
太监	tàijiān	*n* palace eunuch
心理变态	xīnlǐbiàntài	*n* morbid state of mind
议论	yìlùn	*v* to debate; to discuss
严肃	yánsù	*adj* serious; solemn
沉重	chénzhòng	*adj* heavy; serious
性格	xìnggé	*n* nature; personality
扭曲	niǔqū	*v* to distort
叹…气	tàn…qì	*vo* to heave a sigh
沉默	chénmò	*adj* silent; reticent
被窝	bèiwō	*n* bedroll
遑论	huánglùn	*adv* not to mention
分析	fēnxi	*v* to analyze
兽医	shòuyī	*n* veterinarian; vet
屠夫	túfū	*n* butcher
空空荡荡	kōngkōng dàngdàng	*adj* empty; deserted
无人问津	wúrénwènjīn	*vp* no one takes any interest in it
慷慨	kāngkǎi	*adj* generous
慈善	císhàn	*adj* benevolent; philanthropic
鱼刺	yúcì	*n* fish bone
鸡臀	jītún	*n* chicken thighs

鸡爪	jīzhuǎ	*n* chicken feet
硬筋	yìngjīn	*n* hard/tough tendon
赏赐	shǎngcì	*v* to bestow an award; to reward
过活	guòhuó	*vo* to make a living; to live
施恩	shī'ēn	*vo* to do favors for others
围	wéi	*v* to surround
裤脚	kùjiǎo	*n* hem of trouser leg; trouser legs
舐	shì	*v* (文言) to lick with tongue
脚趾头	jiǎozhǐtou	*n* toe
乞怜	qǐlián	*v* to beg for pity/mercy
邀宠	yāochǒng	*v* to curry favor with; to ingratiate oneself with
心烦	xīnfán	*ap* be vexed/perturbed
碍事	àishì	*vo* to be in the way; to be a hindrance
阻碍	zǔ'ài	*n* obstruction; hindrance
切	qiē	*v* to cut; to slice
酱牛肉	jiàngniúròu	*n* beef cooked in soy sauce
加罩	jiāzhào	*vo* to add cover/shade
防范	fángfàn	*v* to be on guard; to keep lookout
苍蝇	cāngying	*n* fly
蚊子	wénzi	*n* mosquito
蟑螂	zhāngláng	*n* cockroach
细菌	xìjūn	*n* germ; bacterium
逞威风	chěngwēifēng	*vo* to lord it over someone
指桑骂槐	zhǐsāngmàhuái	*vp* to make oblique accusations
发怨气	fāyuànqì	*vo* to express grievances/resentment

主体	zhǔtǐ	*n* subject
客体	kètǐ	*n* object
便当	biàndang	*adj* convenient; handy
失落感	shīluògǎn	*n* sense of loss
呜呜	wūwū	*on* toot; hoot
虐待	nüèdài	*v* to abuse; to maltreat
拴	shuān	*v* to tie
套子	tàozi	*n* loop; hemp/leather rope
缰绳	jiāngsheng	*n* reins; halter
个体	gètǐ	*n* individual (entrepreneur)
饮食店	yǐnshídiàn	*n* food and drink shop/store
馅饼	xiànbǐng	*n* meat pie/pastry
相仿	xiāngfǎng	*v* to be similar; to be more or less the same
额头	étóu	*n* forehead
激动	jīdòng	*adj* stirred; agitated; excited
整容	zhěngróng	*vo* to perform/have plastic surgery
割	gē	*v* to cut
双眼皮	shuāngyǎnpí	*n* double-fold eyelids
盯住	dīngzhu	*vr* to gaze/stare at
直眨巴眼	zhízhǎbayǎn	*vo* to continuously wink/blink
发毛	fāmáo	*vo* (口语) to be scared; to get goose flesh
核查	héchá	*v* to check; to examine
道德	dàodé	*n* morality; ethics
形同	xíngtóng	*v* to be just like; to seem the same as
偷窃	tōuqiè	*v* to steal

抢劫	qiǎngjié	*v* to rob; to plunder
刑法	xíngfǎ	*n* penal code; criminal law
制裁	zhìcái	*v* to punish
剥皮	bāopí	*vo* to shell/skin
出售	chūshòu	*v* to offer for sale
残忍	cánrěn	*adj* cruel; ruthless
鸽子	gēzi	*n* pigeon
下夹	xiàjiā	*vo* to set a trap
猎夹	lièjiā	*n* hunting trap
没…命	méi…mìng	*vo* to lose one's life; to die
缺德	quēdé	*adj* unscrupulous; without conscience
市政府	shìzhèngfǔ	*n* municipal/city government
探讨	tàntǎo	*v* to inquire into; to explore
番	fān	*m* time
凌晨	língchén	*n* before dawn
沉睡	chénshuì	*v* to be in deep sleep
响亮	xiǎngliàng	*adj* loud and clear; resounding
蹦子	bèngzǐ	*n* leap; jump
赤身	chìshēn	*adj* naked
欢迎	huānyíng	*v* to welcome
欢呼	huānhū	*v* to hail; to acclaim
急急忙忙	jíjímángmáng	*adv* in haste; hurriedly
动物蛋白	dòngwùdànbái	*n* animal protein
优礼有加	yōulǐyǒujiā	*vp* to show great courtesy
感人肺腑	gǎnrénfèifǔ	*vp* to touch one to the heart

催人泪下	cuīrénlèixià	*vp* to move someone to tears
嗅	xiù	*v* to smell
瘦	shòu	*adj* thin; lean
闪闪发光	shǎnshǎnfāguāng	*adj* giving out a flickering light
兴奋	xìngfèn	*adj* excited
野性	yěxìng	*n* wild nature; unruliness
胜仗	shèngzhàng	*n* victorious battle; victory
检阅	jiǎnyuè	*v* to review (troops etc.)
摆设	bǎishe	*n* ornaments
屏神静气	bǐngshénjìngqì	*vp* to hold one's breath with fixed attention
一溜烟	yīliùyān	*adp* (口语) in a flash; swiftly
槐树	huáishù	*n* locust tree; Chinese scholar tree

词语例句

由 = by

★ 最后由教授——一家之主做结论……

1. 今天的大会由学生会会长主持。

2. 这件事不能由你一个人决定，需要经过大家讨论。

固然…但是… = it is true...but...; no doubt...but...

★ 白猫固然好看，但很容易脏。

1. 多运动固然对身体好，但是运动过分也会伤身体。

2. 有自己的独立见解固然很好，但是也不能固执己见，听不进去别人的意见。

相反 = conversely; on the contrary

★ 猫对饮食状况并无大的不满。相反，对它的"四星级"卧榻却显出了十足的难以适应。

1. 住在大城市的人可以没有车。相反，住在小城镇的人没有车就寸步难行。

2. 我的生活习惯是早睡早起。相反，我的同屋的习惯却是晚睡晚起。

果然 = as expected; sure enough

★ 据说人这样抓搔一个猫是搔到了痒处…果然猫被教授抓到痒处以后喉头发出了幸福的咕噜咕噜声。

1. 我猜他喜欢吃甜食，就给他买了巧克力蛋糕。果然，他见到蛋糕高兴极了。

2. 妈妈说爸爸圣诞节前夕一定会赶回来过节。果然，他二十四号晚上到了家。

要不 = 要不然 / 不然 / 否则; otherwise

★ 我常常不在家…要不我就让它每天睡到我身边。

1. 你到了北京后应该立刻给你妈妈打电话，告诉她你安全到达了。要不她会很担心。

2. 妈妈跟他说："先做好功课再看电视。要不明天就不许你看电视了。

讨论题

根据小说内容回答下列问题：

1. 教授的全家人，包括女儿、奶奶、妻子、儿子、儿媳，在养猫这个问题上有哪几种不同的态度？
2. 教授是一家之主，他是怎样把大家的意见综合起来的？他定了哪三条养猫的原则？
3. 教授家养了一只什么样的猫？
4. 在猫食问题上，全家人有哪些不同的意见？
5. 小猫阿咪住在哪儿？它为什么不喜欢母亲和奶奶为它安排的"四星级"卧榻？
6. 全家人为什么对阿咪的态度越来越坏？在人们经常的训斥和体罚下，阿咪有了什么变化？
7. 阿咪跑了以后，教授一家人有什么样的反应？
8. 当教授一家人再看到阿咪时，它有了什么样的变化？

请进一步思考和讨论以下问题：

1. 在这个小故事中，作者讽刺了人对动物的"宠爱"。作者暗示人把阿咪视作玩物，使它取悦于己，但并不考虑它的天性和需求。请你进一步分析在这个故事中人和阿咪之间的关系，说明为什么这种关系很难维持下去？

2. 近年来在西方有很多人提出要保护动物的权益。你对这个问题怎么看？看了本篇故事后，你对保护动物这个问题的看法是否有所改变？为什么？

3. 请你描述你与你心爱的宠物之间的关系。你与你养的动物之间的关系跟故事中描写的人与动物之间的关系有什么不同？

Index

Lightning Source UK Ltd.
Milton Keynes UK
UKHW032300090820
367846UK00018B/335